PERÍCIA TRABALHISTA
DE INSALUBRIDADE E PERICULOSIDADE

Editora Appris Ltda.
1.ª Edição - Copyright© 2024 da autora
Direitos de Edição Reservados à Editora Appris Ltda.

Nenhuma parte desta obra poderá ser utilizada indevidamente, sem estar de acordo com a Lei nº 9.610/98. Se incorreções forem encontradas, serão de exclusiva responsabilidade de seus organizadores. Foi realizado o Depósito Legal na Fundação Biblioteca Nacional, de acordo com as Leis nᵒˢ 10.994, de 14/12/2004, e 12.192, de 14/01/2010.

Catalogação na Fonte
Elaborado por: Dayanne Leal Souza
Bibliotecária CRB 9/2162

R196p 2024	Rangel, Isabel Cristina dos Santos Perícia trabalhista de insalubridade e periculosidade / Isabel Cristina dos Santos Rangel. – 1. ed. – Curitiba: Appris, 2024. 108 p. ; 21 cm. – (Coleção Ciências Sociais). Inclui referências. ISBN 978-65-250-6534-2 1. Perícia. 2. Insalubridade. 3. Periculosidade. I. Rangel, Isabel Cristina dos Santos. II. Título. III. Série. CDD – 323.4

Livro de acordo com a normalização técnica da ABNT

Appris
editora

Editora e Livraria Appris Ltda.
Av. Manoel Ribas, 2265 – Mercês
Curitiba/PR – CEP: 80810-002
Tel. (41) 3156 - 4731
www.editoraappris.com.br

Printed in Brazil
Impresso no Brasil

Isabel Cristina dos Santos Rangel

PERÍCIA TRABALHISTA
DE INSALUBRIDADE E PERICULOSIDADE

Appris
editora

Curitiba, PR
2024

FICHA TÉCNICA

EDITORIAL — Augusto Coelho
Sara C. de Andrade Coelho

COMITÊ EDITORIAL — Ana El Achkar (Universo/RJ)
Andréa Barbosa Gouveia (UFPR)
Antonio Evangelista de Souza Netto (PUC-SP)
Belinda Cunha (UFPB)
Délton Winter de Carvalho (FMP)
Edson da Silva (UFVJM)
Eliete Correia dos Santos (UEPB)
Erineu Foerste (Ufes)
Fabiano Santos (UERJ-IESP)
Francinete Fernandes de Sousa (UEPB)
Francisco Carlos Duarte (PUCPR)
Francisco de Assis (Fiam-Faam-SP-Brasil)
Gláucia Figueiredo (UNIPAMPA/ UDELAR)
Jacques de Lima Ferreira (UNOESC)
Jean Carlos Gonçalves (UFPR)
José Wálter Nunes (UnB)
Junia de Vilhena (PUC-RIO)

Lucas Mesquita (UNILA)
Márcia Gonçalves (Unitau)
Maria Aparecida Barbosa (USP)
Maria Margarida de Andrade (Umack)
Marilda A. Behrens (PUCPR)
Marília Andrade Torales Campos (UFPR)
Marli Caetano
Patrícia L. Torres (PUCPR)
Paula Costa Mosca Macedo (UNIFESP)
Ramon Blanco (UNILA)
Roberta Ecleide Kelly (NEPE)
Roque Ismael da Costa Güllich (UFFS)
Sergio Gomes (UFRJ)
Tiago Gagliano Pinto Alberto (PUCPR)
Toni Reis (UP)
Valdomiro de Oliveira (UFPR)

SUPERVISORA EDITORIAL — Renata C. Lopes

PRODUÇÃO EDITORIAL — Adrielli de almeida

REVISÃO — Stephanie Ferreira Lima

DIAGRAMAÇÃO — Amélia Lopes

CAPA — João Vitor Oliveira

REVISÃO DE PROVA — Sabrina Costa

COMITÊ CIENTÍFICO DA COLEÇÃO CIÊNCIAS SOCIAIS

DIREÇÃO CIENTÍFICA — Fabiano Santos (UERJ-IESP)

CONSULTORES — Alícia Ferreira Gonçalves (UFPB)
Artur Perrusi (UFPB)
Carlos Xavier de Azevedo Netto (UFPB)
Charles Pessanha (UFRJ)
Flávio Munhoz Sofiati (UFG)
Elisandro Pires Frigo (UFPR-Palotina)
Gabriel Augusto Miranda Setti (UnB)
Helcimara de Souza Telles (UFMG)
Iraneide Soares da Silva (UFC-UFPI)
João Feres Junior (Uerj)

Jordão Horta Nunes (UFG)
José Henrique Artigas de Godoy (UFPB)
Josilene Pinheiro Mariz (UFCG)
Leticia Andrade (UEMS)
Luiz Gonzaga Teixeira (USP)
Marcelo Almeida Peloggio (UFC)
Maurício Novaes Souza (IF Sudeste-MG)
Michelle Sato Frigo (UFPR-Palotina)
Revalino Freitas (UFG)
Simone Wolff (UEL)

Dedico este trabalho ao meu marido, Roberto; à minha mãe, Aparecida; ao meu filho, Luís Othávio; e às minhas irmãs, que sempre estiveram ao meu lado, apoiando-me, orientando-me e, principalmente, dando-me força nos momentos mais difíceis.

AGRADECIMENTOS

Agradeço a Deus por mais esta conquista, por estar sempre me iluminando, fazendo de mim uma pessoa determinada e confiante na busca dos meus objetivos.

Não conseguiria sem o auxílio dos meus familiares, em especial, o meu marido e a minha mãe, que, além dos ensinamentos, sempre estão presentes nos momentos mais difíceis, apoiando-me e me ajudando. Sem eles, certamente, não teria chegado até aqui.

Obrigada a todos.

SUMÁRIO

1
INTRODUÇÃO 13

2
PERÍCIA 15
2.1 PERÍCIA TRABALHISTA DE INSALUBRIDADE
E PERICULOSIDADE 15

3
ASPECTOS JURIDICOS 17
3.1 DIREITO DO TRABALHO 17
3.2 ORIGEM, BREVE HISTÓRICO E EVOLUÇÃO 17
3.3 CONCEITO DE DIREITO DO TRABALHO E SUAS FONTES 20
3.4 PRINCÍPIOS DO DIREITO DO TRABALHO 21
3.4.1 Princípio da irrenunciabilidade dos direitos 21
3.4.2 Princípio da continuidade da relação de trabalho 22
3.4.3 Princípio da primazia da realidade 22
3.5 ORGANIZAÇÃO DA JUSTIÇA DO TRABALHO 22
3.5.1 Varas do Trabalho 22
3.5.2 Tribunais Regionais do Trabalho (TRT) 23
3.5.3 Tribunal Superior do Trabalho (TST) 23
3.5.4 Auxiliares da Justiça do Trabalho 23

4
LEIS TRABALHISTA 25
4.1 UMA ANÁLISE DO CÓDIGO DO PROCESSO CIVIL 25

5
PROCESSO TRABALHISTA 29

6
DISSÍDIO 31

7
AUDIÊNCIA 33

8
SENTENÇA 35

9
RECURSOS 37

10
LIQUIDAÇÃO DE SENTENÇA E DE EXECUÇÃO 39

11
ADICIONAIS DE INSALUBRIDADE E PERICULOSIDADE 41

12
PERÍCIA TRABALHISTA 43

12.1 BREVE HISTÓRICO DA PERÍCIA 44

13
INSALUBRIDADE 47

13.1 NORMA REGULAMENTADORA – NR-15 47

13.2 INSALUBRIDADE 47

13.3 PESQUISA DAS ATIVIDADES E OPERAÇÕES INSALUBRES 49

13.3.1 Anexo n.º 1 da NR-15 da Portaria n.º 3.214/78 49

13.3.2 Anexo n.º 2 da NR-15 da Portaria n.º 3.214/78 50

13.3.3 Anexo n.º 3 da NR-15 da Portaria n.º 3.214/78 50

13.3.4 Anexo n.º 4 da NR-15 da Portaria n.º 3.214/78 50

13.3.5 Anexo n.º 5 da NR-15 da Portaria n.º 3.214/78 50

13.3.6 Anexo n.º 6 da NR-15 da Portaria n.º 3.214/78 50

13.3.7 Anexo n.º 7 da NR-15 da Portaria n.º 3.214/78 51

13.3.8 Anexo n.º 8 da NR-15 da Portaria n.º 3.214/78 51

13.3.9 Anexo n.º 9 da NR-15 da Portaria n.º 3.214/78 51

13.3.10 Anexo n.º 10 da NR-15 da Portaria n.º 3.214/78 51

13.3.11 Anexo n.º 11 da NR-15 da Portaria n.º 3.214/78 51

13.3.12 Anexo n.º 12 da NR-15 da Portaria n.º 3.214/78 51

13.3.13 Anexo n.º 13 da NR-15 da Portaria n.º 3.214/78 52

13.3.14 Anexo n.º 14 da NR-15 da Portaria n.º 3.214/78 52

13.4 NORMAS DE HIGIENE OCUPACIONAL – NHOs 52

13.5 EQUIPAMENTOS DE MIDIÇÃO MAIS UTILIZADOS NA PERÍCIA 53

13.5.1 Medidor de ruído 53

13.5.2 Medidor de calor 53

13.5.3 Medidor de vibração 53

14

PERICULOSIDADE 55

14.1 NORMA REGULAMENTADORA – NR-16 55

14.2 PERICULOSIDADE 55

14.3 ADICIONAL DE PERICULOSIDADE. EXPOSIÇÃO EVENTUAL, PERMANENTE E INTERMITENTE 58

14.4 PESQUISA DAS ATIVIDADES E OPERAÇÕES PERIGOSAS 60

14.4.1 Anexo n.º 1 da NR-16 da Portaria n.º 3.214/78 60

14.4.2 Anexo n.º 2 da NR-16 da Portaria n.º 3.214/78 60

14.4.3 Anexo n.º 3 da NR-16 da Portaria n.º 3.214/78 61

14.4.4 Anexo n.º 4 da NR 16 da Portaria n.º 3.214/78 61

14.4.5 Anexo n.º 5 da NR 16 da Portaria n.º 3.214/78 61

14.4.6 Portaria n.º 3.393, de 17 de dezembro de 1987/Portaria GM n.º 518, de 4 de abril de 2003, Portaria n.º 1.885, de 2 de dezembro de 2013 61

15

PERITO 63

15.1 NOMEAÇÃO DO PERITO 63

15.2 SUBSTITUIÇÃO DO PERITO 66

15.3 ESCUSA OU RECUSA DO PERITO 66

15.4 INDICAÇÃO DO PERITO ASSISTENTE 67

16
HONORÁRIOS PERICIAIS 69

17
DILIGÊNCIA TÉCNICA PERICIAL... 73

18
LAUDO PERICIAL 77
18.1 ELABORAÇÃO DO LAUDO PERICIAL 79
18.2 IMPUGNAÇÃO LAUDO PERICIAL 83
18.3 ESCLARECIMENTOS À IMPUGNAÇÃO DO LAUDO PERICIAL ...86
18.4 GUIA PARA ELABORAÇÃO DO LAUDO TÉCNICO.................86

19
QUESITOS 91
19.1 RESPOSTA AOS QUESITOS 91

20
PRAZO PARA ENTREGA DO LAUDO PERICIAL 93

21
DA DESTITUIÇÃO DO PERITO.. 95

22
DAS SENÇÕES PREVISTAS EM LEI AO PERITO PELO
DESCUMPRIMENTO DO SEU OFÍCIO... 97

23
CADASTRO PARA ATUAR COMO PERITO................................ 99
23.1 DOCUMENTOS PARA O CADASTRO DE PRAFISSIONAIS............ 100

24
CONCLUSÃO 103

REFERÊNCIAS 105

INTRODUÇÃO

Há um número muito baixo de referências bibliográficas da área de perícias trabalhistas, principalmente sobre perícias trabalhistas de insalubridade e periculosidade.

Por isso, este livro tem como finalidade compartilhar conteúdos sobre perícias trabalhistas de insalubridade e periculosidade para auxiliar profissionais da área de segurança do trabalho (engenheiros de segurança do trabalho) que querem atuar na área de perícias trabalhistas de insalubridade e periculosidade e auxiliar advogados trabalhistas e juízes do trabalho.

2

PERÍCIA

Na definição legal, perícia (do termo latino perìtia, derivado por sua vez de *perìtus*, "experto") é a análise técnica de uma situação, fato ou estado redigida por um especialista numa determinada disciplina, o perito. É um exame realizado por profissional especialista, legalmente habilitado, destinado a verificar ou esclarecer determinado fato, apurar as causas motivadoras dele, ou o estado, a alegação de direitos, ou a estimação da coisa que é objeto de litígio ou processo.

Em direito, perícia é um meio de prova em que pessoas qualificadas tecnicamente (os peritos), nomeadas pelo juiz ou oficialmente constituídos por concurso público, analisam fatos juridicamente relevantes à causa examinada, elaborando um laudo. É um exame que exige conhecimentos técnicos e científicos, a fim de comprovar (provar) a veracidade de certo fato ou circunstância. Para auxiliar as partes nas questões técnicas, poderá haver o profissional denominado "assistente técnico", também profissional, que acompanhará, avaliará e discutirá tecnicamente os trabalhos periciais.

2.1 PERÍCIA TRABALHISTA DE INSALUBRIDADE E PERICULOSIDADE

Quando o trabalhador, nos exercícios de suas atividades, trabalhou exposto a diversos riscos que podem afetar consideravelmente sua saúde, esses riscos estão associados aos agentes agressivos que são classificados como insalubres. Quando as atividades exercidas expõem o trabalhador a risco, inerentes à atividade ou ao local de trabalho, são consideradas atividades e operações perigosas

Se o trabalhador trabalhou exposto a risco insalubre e/ou periculoso e não recebeu o adicional devido a ela, vai ajuizar um processo trabalhista contra a empresa e fazer o pedido do recebimento do adicional.

A verificação é feita pelo perito (engenheiro de segurança do trabalho), que é nomeado pelo juiz do trabalho.

3

ASPECTOS JURIDICOS

O Direito do Trabalho é o ramo que traz igualdade entre o trabalhador e o empregador, isso sendo resguardado pela atual Consolidação das Leis Trabalhistas (CLT).

3.1 DIREITO DO TRABALHO

Como bem compreendido por Martins (2016, p. 46), "É impossível compreender o Direito do Trabalho sem conhecer seu passado. Esse ramo do direito é muito dinâmico, mudando as condições de trabalho com muita frequência, pois é intimamente relacionado com as questões econômicas".

Dessa forma, veremos, a seguir, a origem do trabalho, bem como um breve histórico do direito do trabalho e sua evolução ao longo do tempo, relacionando-os às leis trabalhistas.

3.2 ORIGEM, BREVE HISTÓRICO E EVOLUÇÃO

A palavra "trabalho" surgiu do latim *"Tripalium"* que significa uma punição aplicada por um instrumento de tortura que possuía três pontas e era utilizado pelos agricultores nos primórdios da humanidade (Martins, 2016).

Conforme o referido autor, a primeira forma de trabalho conhecida pela humanidade foi a escravidão, na qual o escravo era considerado apenas uma coisa, um objeto, não possuindo nenhum direito, muito menos os trabalhistas.

Num segundo momento, existiu a servidão, na época do feudalismo, na qual "[...] os servos tinham de entregar parte da produção rural aos senhores feudais em troca da proteção que recebiam e do uso da terra" (Martins, 2016, p. 47).

Num terceiro plano, havia as corporações de ofício, por meio das figuras dos mestres, companheiros e aprendizes, tendo sido tais corporações extintas com o advento da Revolução Francesa (1789), na qual houve o reconhecimento do direito do trabalho, sendo imposto ao Estado a "obrigação de dar meios ao desempregado de ganhar sua subsistência" (Martins, 2016, p. 49).

Após esse período, a Revolução Industrial acabou transformando o trabalho em emprego, no qual os empregados passam a receber salários. Foi naquela época que o Direito do Trabalho e o contrato de trabalho passaram a surgir e desenvolver-se.

Entretanto, durante a Revolução Industrial, os trabalhadores passaram a sofrer abusos, uma vez que trabalhavam em locais e em condições extremamente insalubres, que culminaram no surgimento de doenças ocupacionais e, principalmente, em muitos acidentes de trabalho, tornando necessária a intervenção estatal nas relações de trabalho.

Para Martins (2016, p. 50), o intervencionismo estatal foi necessário para que houvesse uma melhoria das condições de trabalho e do bem-estar social.

Assim, pouco a pouco, as condições de trabalho tiveram que ser adaptadas, sendo que o ramo do Direito do Trabalho surgiu como forma de limitar os abusos por parte do empregador em explorar o trabalho, visando, assim, proteger o hipossuficiente, por meio de modificações nas condições de trabalho, conforme expõe o autor anteriormente referido.

Após essa breve retrospectiva histórica, trataremos a seguir sobre o surgimento das leis trabalhistas de que se tem conhecimento no mundo e no Brasil.

Segundo Almeida (2014, p. 29), as primeiras leis trabalhistas surgiram por meio da Constituição Mexicana de 1917, que estipulou muitos dos direitos trabalhistas hoje conhecidos, como o salário-mínimo, jornada diária de 8 horas, descanso semanal, dentre outros, e com a Constituição Russa promulgada no mesmo ano.

A constituição de Weimar, em 1919, também teve grande importância, pois foi por meio dela que surgiu a Organização Internacional do Trabalho (OIT) que veio a universalizar os direitos dos trabalhadores (Almeida, 2014, p. 29).

No Brasil, o Direito do Trabalho só surgiu efetivamente no governo Getúlio Vargas, na década de 30, mas foi em 1º de maio de 1943 que se promulgou a Consolidação das Leis Trabalhistas (CLT), que, segundo Almeida (2014, p. 29), foi "um conjunto de leis disciplinando as relações individuais e coletivas do trabalho, verdadeiro marco na história da justiça social do Brasil".

No que tange aos dias atuais, Nascimento (2011, p. 24) traz um conceito o qual denomina de "Direito do Trabalho Contemporâneo", que acredita ter sido iniciado por volta de 1970, com o advento da crise do petróleo, na qual surgiram transformações no universo das relações de trabalho, reunindo as principais características desta nova fase:

> Os empregos diminuem, crescem outras formas de trabalho sem vínculo de emprego, as empresas passam a produzir mais com pouca mão de obra, a informática e a robótica trazem produtividade crescente e trabalho decrescente. A legislação é flexibilizada e surgem novas formas de contratação. Apesar da desaceleração da economia, as mulheres ingressam em larga escala no mercado de trabalho. As jornadas de trabalho e os salários são reduzidos como alternativas para as dispensas em massa. Elevam-se os níveis de terceirização (Nascimento, 2011, p. 24).

Como podemos observar no texto anterior, bem como por meio das propostas trabalhistas e previdenciárias que sempre tramitam no Congresso Nacional, esse tema sempre será muito atual e sempre deve trazer alterações significativas em nossa legislação trabalhista e previdenciária.

3.3 CONCEITO DE DIREITO DO TRABALHO E SUAS FONTES

Conceitua Martins (2016, p. 65) direito do trabalho da seguinte forma:

> Direito do trabalho é o conjunto de princípios, regras e instituições atinentes à relação de trabalho subordinado e situações análogas, visando assegurar melhores condições de trabalho e sociais ao trabalhador, de acordo com as medidas de proteção que lhe são destinadas.

Contribui Almeida (2014, p. 31) sobre o conceito de direito do trabalho, que vem a ser "o conjunto de princípios e regras jurídicas aplicáveis às relações individuais e coletivas de trabalho subordinado, de caráter eminentemente social, destinados à melhoria das condições de emprego".

Após breve conceituação sobre direito do trabalho, veremos quais as fontes do direito do trabalho. Para Pereira (2014, p. 58), "fonte traduz a ideia de origem, princípio, início, causa, nascedouro. Fontes do Direito podem ser conceituadas como a origem das normas jurídicas".

Ainda no que se refere às fontes, essas podem vir a ser comuns, ou seja, que servem a todos os ramos do direito, como a Constituição Federal ou ainda próprias, podendo citar no caso do direito do trabalho os acordos coletivos, as convenções coletivas e o contrato de trabalho, conforme preceitua Martins (2016, p. 93-94).

Dentre as principais fontes do direito do trabalho, segundo Martins (2016, p. 95), podemos citar a Constituição Federal, as leis, a exemplo da CLT, o contrato de trabalho, os acordos coletivos de trabalho (ACT), as convenções coletivas de trabalho (CCT), as sentenças normativas, os regulamentos de empresa, os costumes.

3.4 PRINCÍPIOS DO DIREITO DO TRABALHO

Em se tratando dos pilares dos direitos do trabalho, não podemos deixar de trazer aqui alguns princípios fundamentais que norteiam as relações trabalhistas, devendo ser observados em todos os casos.

Princípio da proteção: esse princípio, como o próprio nome sugere, visa a proteção do trabalhador e pode ser dividido em três partes, segundo Martins (2016, p. 134): "(a) o in dubio pró-operário; (b) o da aplicação da norma mais favorável ao trabalhador, (c) o da aplicação da condição mais benéfica ao trabalhador".

Em suma, todos esses princípios convergem em um objetivo principal, que é a proteção ao trabalhador em face das desigualdades existentes nas relações de trabalho.

3.4.1 Princípio da irrenunciabilidade dos direitos

Esse princípio indica que os direitos trabalhistas são irrenunciáveis pelo trabalhador. Não se pode admitir que o trabalhador abdique de suas férias ou 13º salário, por exemplo. Segundo Martins (2016, p. 135), entretanto, tal princípio poderá sofrer renúncia ou transação, conforme explica a seguir:

> Poderá, entretanto, o trabalhador renunciar a seus direitos se estiver em juízo, diante do juiz do trabalho, pois nesse caso não se pode dizer que o empregado esteja sendo forçado a fazê-lo. Estando o trabalhador ainda na empresa é que não se poderá falar em renúncia a direitos trabalhistas, pois poderá dar ensejo a fraudes. É possível, também, ao trabalhador transigir, fazendo concessões recíprocas, o que importa um ato bilateral.

3.4.2 Princípio da continuidade da relação de trabalho

Esse princípio indica que o contrato de trabalho é estabelecido, em geral, por tempo indeterminado. Conforme Almeida (2014, p. 33):

> O que ocorre é que não se admite a sucessão de contratos por prazo certo na mesma empresa, caracterizando, assim, vínculo único, em face do princípio apontado. O contrato regra, contrato padrão, tem prazo indeterminado e é também denominado contrato sucessivo.

3.4.3 Princípio da primazia da realidade

Quer dizer que os fatos devem sempre prevalecer sobre os documentos. Em outras palavras, muitas vezes no papel se estabelece uma forma para a realização do contrato de trabalho e no dia a dia se estabelecem práticas divergentes daquilo que fora acordado inicialmente. Segundo Martins (2016, p. 137), "São privilegiados, portanto, os fatos, a realidade, sobre a forma ou a estrutura empregada".

3.5 ORGANIZAÇÃO DA JUSTIÇA DO TRABALHO

No âmbito da organização da Justiça do Trabalho, traremos uma visão geral sobre a organização desta, que consiste na seguinte divisão:

3.5.1 Varas do Trabalho

As varas do trabalho são tratadas na CF, no artigo 112, que dispõe que as varas da Justiça do Trabalho, serão criadas por lei ordinária federal. E ainda no Art. 116, no qual, nas varas do trabalho, a jurisdição ficará a cargo de um juiz singular, conhecido também como juiz monocrático (Martins, 2016, p. 130).

3.5.2 Tribunais Regionais do Trabalho (TRT)

A organização dos TRTs está contida no Art. 115 da CF, os TRT estão divididos em 24 regiões.

3.5.3 Tribunal Superior do Trabalho (TST)

O Tribunal Superior do Trabalho possui previsão expressa no Art. 111-A da CF. Conforme consta no referido artigo, o TST será composto por 27 ministros, dentre advogados, membros do Ministério Público do Trabalho e Juízes do Trabalho. O TST possui atualmente 8 turmas, cada uma com 3 ministros (Martins, 2016, p. 148).

3.5.4 Auxiliares da Justiça do Trabalho

São considerados auxiliares do juiz os órgãos e cargos que, como o próprio nome sugere, auxiliam a Justiça do Trabalho. Segundo Martins (2016, p. 149), são auxiliares da Justiça do Trabalho os seguintes órgãos e cargos: secretaria, oficiais de justiça, distribuidor e contadoria.

Ainda, segundo o Código de Processo Civil (BRASIL, 2016, p. 61), os peritos são considerados auxiliares da justiça, vejamos:

> Art. 149. São auxiliares da Justiça, além de outros cujas atribuições sejam determinadas pelas normas de organização judiciária, o escrivão, o chefe de secretaria, o oficial de justiça, o perito, o depositário, o administrador, o intérprete, o tradutor, o mediador, o conciliador judicial, o partidor, o distribuidor, o contabilista e o regulador de avarias.

Dessa forma, os peritos nomeados pelo juiz são considerados auxiliares da justiça, uma vez que auxiliam na atividade jurisdicional, mesmo que seja de forma eventual. Esse assunto será abordado mais adiante, em um tópico específico.

4

LEIS TRABALHISTA

A Consolidação das Leis do Trabalho (CLT) é a lei trabalhista do Brasil. Nela, estão incluídas as normas que regulam as relações de trabalho entre o empregador e os empregados. Na CLT, estão definidos os direitos e deveres, tanto do empregador, quanto do empregado.

As normas se referem às relações de trabalho e às regras dos processos trabalhistas na Justiça. As normas da CLT são válidas para as relações individuais de trabalho e para as relações coletivas. Da mesma forma, protegem tanto o trabalhador urbano, quanto o rural.

4.1 UMA ANÁLISE DO CÓDIGO DO PROCESSO CIVIL

Em 2015, foi publicado o Novo Código de Processo Civil Brasileiro. "Após mais de quatro anos de tramitação legislativa, o Brasil tem um novo Código de Processo Civil: o primeiro código publicado em regime democrático, *tout court*, cuja tramitação legislativa se deu totalmente em regime democrático" (Didier, 2015, p. 17).

O perito teve o regramento totalmente reformulado no novo Código de Processo Civil, conforme seção II, artigos 156, 157 e 158 (Brasil, 2016, p. 63), que versam sobre o perito.

> Art. 156. O juiz será assistido por perito quando a prova do fato depender de conhecimento técnico ou científico.
>
> § 1º Os peritos serão nomeados entre os profissionais legalmente habilitados e os órgãos técnicos ou científicos devidamente inscritos em cadastro mantido pelo tribunal ao qual o juiz está vinculado.

§ 2º Para formação do cadastro, os tribunais devem realizar consulta pública, por meio de divulgação na rede mundial de computadores ou em jornais de grande circulação, além de consulta direta a universidades, a conselhos de classe, ao Ministério Público, à Defensoria Pública e à Ordem dos Advogados do Brasil, para a indicação de profissionais ou de órgãos técnicos interessados.

§ 3º Os tribunais realizarão avaliações e reavaliações periódicas para manutenção do cadastro, considerando a formação profissional, a atualização do conhecimento e a experiência dos peritos interessados.

§ 4º Para verificação de eventual impedimento ou motivo de suspeição, nos termos dos arts. 148 e 467, o órgão técnico ou científico nomeado para realização da perícia informará ao juiz os nomes e os dados de qualificação dos profissionais que participarão da atividade.

§ 5º Na localidade onde não houver inscrito no cadastro disponibilizado pelo tribunal, a nomeação do perito é de livre escolha pelo juiz e deverá recair sobre profissional ou órgão técnico ou científico comprovadamente detentor do conhecimento necessário à realização da perícia.

Art. 157. O perito tem o dever de cumprir o ofício no prazo que lhe designar o juiz, empregando toda sua diligência, podendo escusar-se do encargo alegando motivo legítimo.

§ 1º A escusa será apresentada no prazo de 15 (quinze) dias, contado da intimação, da suspeição ou do impedimento supervenientes, sob pena de renúncia ao direito a alegá-la.

§ 2º Será organizada lista de peritos na vara ou na secretaria, com disponibilização dos documentos exigidos para habilitação à consulta de interessados, para que a nomeação seja distribuída de modo equitativo, observadas a capacidade técnica e a área de conhecimento.

Relativos à prova pericial, seguem os artigos correspondentes (Brasil, 2016, p. 103-106):

> No art. 464 CPC/15 parágrafos 2º a 4º podemos perceber uma desarmonia do legislativo. Para a prova pericial complexa não é exigido nível universitário e para a prova pericial simplificada a formação acadêmica é exigida.
>
> O art. 465 CPC/15 é de extrema importância, uma vez que é completamente novo. Conforme parágrafo 2º, designa as providências que o perito deverá tomar após ser nomeado. Os parágrafos terceiro e quarto disciplinam o comportamento das partes e do juiz diante da proposta de honorários do profissional. O juiz pode liberar cinquenta por cento dos honorários do perito no início dos trabalhos, protegendo assim o perito de desenvolver seu trabalho e não ser devidamente remunerado. Além disso, o parágrafo quinto consagra expressamente a possibilidade de uma revisão judicial da decisão que fixou os honorários após a avaliação do laudo pericial pelo juiz.
>
> No art. 466 CPC/15 parágrafo segundo temos que "O perito deve assegurar aos assistentes das partes o acesso e o acompanhamento das diligências e dos exames que realizar, com prévia comunicação, comprovada nos autos, com antecedência mínima de 5 (cinco) dias." Essa regra reforça o princípio do contraditório e da produção das provas. Outra disciplina nova é a devolução do valor dos horários quando o perito for substituído.
>
> No art. 468 CPC/15 parágrafo segundo: "O perito substituído restituirá, no prazo de 15 (quinze) dias, os valores recebidos pelo trabalho não realizado, sob pena de ficar impedido de atuar como perito judicial pelo prazo de 5 (cinco) anos.

No art. 471 NCPC que prevê a possibilidade de escolha consensual do perito. A ideia de que o perito é nomeado e escolhido pelo juiz foi revista. A partir do momento que as partes podem escolher o perito em comum acordo elas perdem o direito de questionar o perito, já que foi uma escolha mútua. Podem até questionar o laudo, mas não o perito. Esta mudança diminui as chances de corrupção e aumenta a possibilidade de a perícia ser boa, pois se as partes chegaram a um acordo de qual seria o melhor perito é porque confiam no profissional.

No art. 473 CPC/15 que cuida dos requisitos do laudo. O parágrafo segundo cria uma regra de congruência ao estabelecer que a perícia deva se ater ao respectivo objeto. Por isso é importante relatar qual o objeto da perícia, para não extrapolar esse objeto, sobretudo nas conclusões. Qualquer violação a esse artigo é uma violação a requisito formal, que implica nulidade do laudo.

No art. 476 CPC/2015 o juiz pode conceder por uma vez a prorrogação pela metade do prazo originalmente fixado.

No art. 477 CPC/15 após o perito entregar o laudo as partes e os assistentes poderão se manifestar sobre o mesmo. Diante destas manifestações o perito tem o dever de esclarecer, no prazo de 15 dias, as questões que foram suscitadas nestas manifestações.

No art. 479 prevê que o juiz não pode simplesmente ignorar o laudo pericial. Ele pode não acolher o laudo, mas tem que haver uma motivação específica. Se o juiz não se convencer das conclusões ele deve determinar uma nova perícia sobre o mesmo fato. Se esta segunda perícia tiver as mesmas conclusões ele não pode decidir de forma diferente, pois se há a necessidade de conhecimentos técnicos para descoberta dos fatos, então o juiz não pode decidir desconsiderando-a.

PROCESSO TRABALHISTA

A Consolidação das Leis Trabalhistas (CLT) estabelece os direitos e deveres tanto dos colaboradores quanto das empresas, com a finalidade de evitar relações abusivas entre as partes. Desde que foi inaugurada, ela já sofreu várias modificações em seus artigos, especialmente após a implementação da Reforma Trabalhista.

Nesse sentido, quando ocorre qualquer conflito entre as partes e o funcionário é prejudicado de alguma forma ou deixa de receber algum de seus direitos estabelecidos pela CLT, muitas vezes ele pode recorrer ao processo trabalhista como forma de resolver a situação. Quando isso acontece, as instituições podem sofrer sérias consequências, principalmente se tratando de questões financeiras.

A CLT é o conjunto de regras trabalhistas que devem ser seguidas por todas as empresas em relação aos deveres e direitos dos funcionários. Apesar disso, muitas vezes, algumas empresas acabam não cumprindo o que está na lei e são alvo de processos trabalhistas.

De forma simples, um processo trabalhista pode ser definido como uma forma de solução de conflitos, por meio litigioso, quando o colaborador se sente prejudicado em sua relação de trabalho. Em outras palavras, ele é um meio de acesso à justiça e um direito do trabalhador.

Todas as leis e normas que abrangem o processo trabalhista estão estabelecidas entre os artigos 763 e 836 da CLT e todo esse processo é organizado e julgado pelo Tribunal Regional do Trabalho (TRT). Para entendermos melhor como funciona um processo trabalhista, precisamos destacar alguns pontos importantes.

6

DISSÍDIO

Com certeza, você já deve ter ouvido a palavra dissídio e o significado dela é crucial para entendermos o processo. Essa palavra significa divergência e é aplicada na área jurídica para nomear os processos que estão sendo julgados. No direito trabalhista, ele representa um conflito, discórdia ou desavença sobre as relações de trabalho.

Atualmente, existem dois exemplos de dissídios: o primeiro é o individual, que representa ações movidas pelos funcionários. Como ele representa os interesses individuais de quem está processando, sua esfera de interesse é totalmente particular e a sentença tem caráter permanente.

Dentro desse modelo, ainda é possível separá-lo em duas categorias: dissídio individual simples, que inclui apenas uma pessoa; e dissídio individual plurítimo, que abrange diferentes pessoas de um mesmo grupo que possuem um interesse em comum.

Já o segundo é o chamado dissídio coletivo, que expressa os interesses de uma categoria profissional e, por isso, seus autores são sindicatos patronais e trabalhistas. Ele pode ser dividido em diversas categorias, confira os principais a seguir:

- Econômico: envolve instituição de normas e condições de trabalho;

- Jurídico: envolve a interpretação de sentenças normativas, acordos e convenções coletivas;

- Originários: envolve a instituição de normas inéditas;

- De revisão: reavaliação de normas e condições coletivas de trabalho;

- Declaração: paralisação do trabalho decorrente de greve.

Não existe um tempo determinado para o andamento de julgamento de um processo trabalhista, especialmente pelo fato de que ele possui várias etapas e várias instâncias.

7

AUDIÊNCIA

Logo após o funcionário dar entrada ao processo, a primeira etapa é o agendamento de uma audiência de conciliação, que possui o objetivo de permitir que o colaborador e a empresa conversem para tentarem chegar a um acordo.

Caso as partes entrem em acordo, o juiz responsável pelo processo irá homologar o caso, por meio de uma sentença, e o funcionário terá de cumprir o que foi estabelecido sob pena de multa em caso de descumprimento.

Por outro lado, caso eles não entrem em acordo, outra audiência de instrução e de julgamento para ouvir testemunhas será marcada e é aqui que o juiz irá decidir a sentença.

8

SENTENÇA

A sentença é a decisão do juiz sobre os direitos reclamados pelo trabalhador. Ela pode ser dividida em três modalidades: procedente, parcialmente procedente ou improcedente. O primeiro caso é quando o funcionário consegue ter direito a tudo o que foi pedido no processo.

O segundo, por sua vez, só reconhece alguns dos direitos requisitados. Já o terceiro ocorre quando o juiz não reconhece nenhum dos direitos. Caso o funcionário ou ambas as partes não concordem com a decisão, ainda têm a possibilidade de entrar com um recurso.

9

RECURSOS

Essa etapa ocorre geralmente na segunda instância no Tribunal Regional do Trabalho (TRT). A parte que estiver processando deverá apresentar todos os argumentos possíveis para modificar ou anular a decisão estabelecida.

Após a decisão do TRT, chamada de acórdão, pode haver recurso ao Tribunal Superior do Trabalho, em Brasília. Em casos específicos, pode haver recurso ao Supremo Tribunal Federal.

Quando a decisão não puder mais ser objeto de recurso, ocorre o chamado "trânsito em julgado" da ação, que é o momento no qual é encerrada a fase de conhecimento do processo.

10

LIQUIDAÇÃO DE SENTENÇA E DE EXECUÇÃO

Uma vez que o processo chegue ao seu fim, um contador judicial será designado para calcular os valores devidos. Caso a empresa perca o caso e não realize o pagamento, será dado prosseguimento à execução e ela será incluída no Banco Nacional de Devedores Trabalhistas (BNDT).

11

ADICIONAIS DE INSALUBRIDADE E PERICULOSIDADE

O direito do empregado ao recebimento do adicional de insalubridade ou do adicional de periculosidade, quando postulado judicialmente em reclamação trabalhista, requer como regra geral a realização de perícia técnica, a fim de que se apurem as condições de trabalho, emergindo a conclusão de que se trata ou não de trabalho em condições insalubres ou perigosas.

O adicional de insalubridade está previsto no artigo 189 da Consolidação das Leis do Trabalho (CLT), que visa compensar os trabalhadores pelas atividades ou operações que expõem os empregados a agentes nocivos acima dos limites de tolerância fixados em razão da natureza, intensidade do agente e tempo de exposição aos seus efeitos.

Já o adicional de periculosidade é uma compensação financeira prevista na CLT para trabalhadores expostos a situações que colocam sua vida em risco.

O artigo 193 da CLT estabelece que são consideradas atividades ou operações perigosas aquelas que, por sua natureza ou métodos de trabalho, implicam risco acentuado devido à exposição permanente do trabalhador a inflamáveis, explosivos ou energia elétrica; ou a roubos ou outras formas de violência física nas atividades profissionais de segurança pessoal ou patrimonial.

Assim determina o artigo 195, §2º, da Consolidação das Leis do Trabalho, quando dispõe: "Arguida em juízo insalubridade ou periculosidade, seja por empregado, seja por sindicato em favor de grupo de associados, o juiz designará perito habilitado na forma deste artigo e, onde não houver, requisitará perícia ao órgão competente do Ministério do Trabalho".

12

PERÍCIA TRABALHISTA

A palavra perícia vem do latim *peritia*, que significa conhecimento adquirido pela experiência, saber, habilidade (Alberto Filho, 2015).

De modo geral, esse conceito está intimamente ligado à habilidade de aplicar conhecimentos técnicos na construção de uma prova pericial, que poderá ser utilizada no juízo ou fora deste.

Por isso, por sua própria característica, a perícia sempre versará sobre área do conhecimento humano especializado, tais como medicina, engenharia, economia, finanças, informática, agrimensura etc.

O professor Reinaldo Alberto Filho (2015), em seu livro *Da Perícia ao Perito*, apresenta entendimento que melhor coaduna com o definido atual Código de Processo Civil (Lei n.° 13.105/2015), posto que incluiu os órgãos técnicos e científicos no rol dos habilitados a fazer perícia judicial.

Assim, a obra define a perícia como a diligência realizada, como meio de prova, por pessoa ou pessoas físicas e por órgãos técnicos ou científicos devidamente inscritos no cadastro mantido pelo tribunal ao qual estão vinculados, com a finalidade de apurar tecnicamente um fato, como precípuo escopo de instrução de um procedimento (Alberto Filho, 2015, p. 18).

O ordenamento jurídico brasileiro define que a perícia é um dos meios de prova admitidos em direito (Brasil, 2015). Mesmo não tendo valor probatório absoluto (como nenhum outro meio de prova), o laudo pericial tem um grau de confiabilidade maior que os demais, exatamente por se pautar em procedimentos técnicos ou científicos que estão no estado da arte.

Por exemplo, uma perícia que tenha por base um exame de DNA se torna uma prova mais robusta para comprovar a relação de paternidade em comparação ao depoimento de uma testemunha.

12.1 BREVE HISTÓRICO DA PERÍCIA

Na Antiguidade, o rei fazia o papel exclusivo de juiz e, como tal, colhia diretamente as provas que embasariam a sua decisão. Nesse período, o rei-juiz julgava baseado apenas em sua experiência de vida, sem o auxílio de nenhum profissional técnico especializado.

De modo geral, o papel do rei era ouvir os argumentos dos interessados e decidir a questão controvertida de modo soberano.

Assim, mesmo que a matéria que estivesse sendo demandada exigisse algum nível de conhecimento técnico caberia ao rei proferir uma decisão e, por isso, a falta de técnica era sempre suprida pelo poder de comando do rei (Alberto Filho, 2015).

Com o crescimento do domínio romano, tornou-se impossível ao Imperador decidir soberanamente acerca de todas as causas e, por isso, o processo judicial passou a ter duas fases distintas. Na primeira fase, o magistrado fazia a análise da questão controvertida sob o aspecto estritamente jurídico e legal.

Na segunda fase do processo, era eleito um *arbiter*, pessoa com conhecimento técnico especializado na matéria que estava em discussão, a quem estava resguardado o dever de decidir a lide, usando a melhor técnica disponível.

Esse *expert* podia ser eleito pelas partes ou sorteado pelo magistrado, caso as partes não conseguissem um acordo sobre quem seria o *arbiter* (Alberto Filho, 2015).

Nesse ponto da história, mesmo que o conhecimento técnico estivesse assumindo um papel relevante para a solução da lide, esse modelo apresentava um problema básico: aglutinação entre as funções de perito e de juiz em uma única pessoa.

Na contextualização histórica, toda essa evolução proporcionada à atuação do perito judicial gerada pela evolução do Império

Romano acabou se desvirtuando quase que completamente na Idade Média, com a adoção das Ordálias (Alberto Filho, 2015).

Ordália foi um tipo de prova judiciária usada para determinar a culpa ou a inocência do acusado, por meio da participação de elementos da natureza e cujo resultado era interpretado como um juízo divino.

Isso aconteceu porque havia clara noção de existir um "juízo de Deus", que, combinado com a aplicação dos duelos para a comprovação da verdade, muito prejudicaram o desenvolvimento técnico e científico na busca da comprovação da verdade.

Nesse período da Idade Média, o conhecimento técnico passou a ter uma função meramente acessória nas decisões judiciais e, em muitos casos, tornando-se inaplicáveis ao contexto dos fatos.

No mesmo condão, em 1667, o Direito Francês se alinha ao entendimento dado pelo Direito Romano ao conceder às partes que litigam no processo o direito de escolher livremente os peritos, a exemplo da "inovação" trazida pelo Código de Processo Civil de 2015 (Brasil, 2015), em vigor atualmente no Brasil.

13

INSALUBRIDADE

13.1 NORMA REGULAMENTADORA – NR-15

A NR-15 estabelece as atividades que devem ser consideradas insalubres, gerando direito ao adicional de insalubridade aos trabalhadores. É composta de uma parte geral e mantém 13 anexos, que definem os Limites de Tolerância para agentes físicos, químicos e biológicos, quando é possível quantificar a contaminação do ambiente, ou listando ou mencionando situações em que o trabalho é considerado insalubre qualitativamente.

Os anexos da NR-15 tratam da exposição dos trabalhadores a ruído, calor ambiente, radiações ionizantes, trabalho sob condições hiperbáricas, radiações não ionizantes, vibrações, frio, umidade, agentes químicos (incluindo benzeno), poeiras minerais (incluindo sílica, asbesto e manganês), além dos agentes biológicos.

A avaliação quantitativa de agentes aos quais o trabalhador está exposto exige a determinação da intensidade, no caso de agentes físicos, e da concentração ambiental, no caso dos agentes químicos. Devem ser realizadas avaliações quantitativas para ruído contínuo (Anexos n.º 1 e 2), calor (Anexo n.º 3), radiações ionizantes (Anexo n.º 5), vibração (Anexo n.º 8), agentes químicos (Anexo n.º 11) e poeiras minerais (Anexo n.º 12).

13.2 INSALUBRIDADE

A palavra "insalubre" vem do latim e significa tudo aquilo que origina doença, sendo que a insalubridade é a qualidade de insalubre (Saliba; Corrêa, 2015).

Conforme o Art. 189 da Consolidação das Leis do Trabalho (Brasil, 2017, p. 39):

> Serão consideradas atividades ou operações insalubres aquelas que, por sua natureza, condições ou métodos de trabalho, exponham os empregados a agentes nocivos à saúde, acima dos limites de tolerância fixados em razão da natureza e da intensidade do agente e do tempo de exposição aos seus efeitos.

Podemos dizer que a higiene ocupacional é uma ciência responsável pela antecipação, reconhecimento, avaliação e controle dos agentes ou processos de produção que podem colocar em risco a saúde e a integridade do trabalhador dentro do seu ambiente de trabalho.

Essa ciência tem como objetivo auxiliar empresas para que possam ter um bom desempenho de produção e de segurança dos trabalhadores.

São considerados riscos ocupacionais os que podem causar danos ao corpo, tais como danos químicos, danos biológicos e danos físicos.

Os riscos físicos podem ser gerados por equipamento que o colaborador utiliza na rotina de trabalho. Tais como máquinas pesadas, ferramentas, eletricidade etc.

Os riscos químicos são advindos de substâncias químicas em estado natural. Podem ser inaladas, transferidas a pele, absorvidas pelo corpo etc.

No risco biológico, a causa são os fungos, protozoários, parasitas, bactérias, entre outros.

Por se tratar de matéria técnica de higiene ocupacional, a regulamentação foi delegada ao Ministério do Trabalho e Emprego (MTE), conforme dispõe o Art. 190 da CLT (Brasil, 2017, p. 39):

> O Ministério do Trabalho aprovará o quadro das atividades e operações insalubres e adotará normas sobre os critérios de caracterização da insalubridade, os limites de tolerância aos agentes agressivos, meios de proteção e o tempo máximo de exposição do empregado a esses agentes.

O Ministério do Trabalho e Emprego regulamentou a matéria na Norma Regulamentadora – NR-15 da Portaria n.º 3.214/78. Portanto, a possível caracterização de insalubridade ocorrerá somente se o agente estiver inserido na referida norma.

Nesse sentido, a Súmula n.º 460 do Superior Tribunal Federal (STF) dispõe: "Para efeito do adicional de insalubridade, a perícia judicial, em reclamação trabalhista, não dispensa o enquadramento da atividade entre as insalubres, que é ato da competência do Ministro do Trabalho e Previdência Social".

O artigo 192 da CLT (Brasil, 2017, p. 40) define que o exercício de trabalho em condições insalubres, acima dos limites de tolerância estabelecidos pelo Ministério do Trabalho, assegura a percepção de adicional respectivamente de 40% (quarenta por cento), 20% (vinte por cento) e 10% (dez por cento) do salário-mínimo da região, segundo se classifiquem nos graus máximo, médio e mínimo (Redação dada pela Lei n.º 6.514, de 22.12.1977).

Barbosa e Silva (2016) relataram que a palavra "insalubre" vem do latim e significa tudo aquilo que pode gerar doenças, resultando a insalubridade naquilo que tem qualidade insalubre.

Para todo trabalhador que atue exposto a agentes nocivos à saúde acima do limite legal permitido, é devido o adicional de insalubridade, levando-se em conta a natureza, a intensidade, o tempo de exposição e o quadro de atividades insalubres aprovado pelo Ministério do Trabalho e Emprego.

13.3 PESQUISA DAS ATIVIDADES E OPERAÇÕES INSALUBRES

13.3.1 Anexo n.º 1 da NR-15 da Portaria n.º 3.214/78

"As atividades ou operações que exponham o trabalhador a níveis de ruído contínuo ou intermitente superiores aos limites de tolerância fixado no quadro constante do Anexo n.º 1 e no item 6 do mesmo anexo".

13.3.2 Anexo n.º 2 da NR-15 da Portaria n.º 3.214/78

"As atividades ou operações que exponham o trabalhador a níveis de ruído de impacto superiores aos limites de tolerância fixados itens 2 e 3 do Anexo n.º 2".

13.3.3 Anexo n.º 3 da NR-15 da Portaria n.º 3.214/78

"As atividades ou operações que exponham o trabalhador a exposição ao calor artificial com valores IBUTG (Índice de Bulbo Úmido – Termômetro de Globo) superior aos limites de tolerância fixado nos quadros n.º 1 e 2".

13.3.4 Anexo n.º 4 da NR-15 da Portaria n.º 3.214/78

Anexo revogado pela Portaria n.º 3.751/90.

13.3.5 Anexo n.º 5 da NR-15 da Portaria n.º 3.214/78

"As atividades ou operações onde trabalhadores possam ser expostos a radiações ionizantes, os limites de tolerância, os princípios, as obrigações e controles básicos para a proteção do homem e do seu meio ambiente contra possíveis efeitos indevidos causados pela radiação ionizante, são os constantes da Norma CNEN-NN-3.01: 'Diretrizes Básicas de Proteção Radiológica', de março de 2014, aprovada pela Resolução CNEN n.º 164/2014, ou daquela que venha a substitui-la. (Atualizado pela Portaria MTb n.º 1.084, de 18 de dezembro de 2018)"

13.3.6 Anexo n.º 6 da NR-15 da Portaria n.º 3.214/78

"Atividades ou operações que exponham o trabalhador aos trabalhos sob condições hiperbáricas".

13.3.7 Anexo n.º 7 da NR-15 da Portaria n.º 3.214/78

"As atividades ou operações que exponham o trabalhador a radiações não ionizantes consideradas insalubres em decorrência de inspeção realizada no local de trabalho".

13.3.8 Anexo n.º 8 da NR-15 da Portaria n.º 3.214/78

"As atividades ou operações que exponham o trabalhador a vibrações superiores aos limites de tolerância fixado na Portaria n. 426 de 07 de outubro de 2021".

13.3.9 Anexo n.º 9 da NR-15 da Portaria n.º 3.214/78

"As atividades ou operações que exponham o trabalhador ao frio consideradas insalubres em decorrência de inspeção realizada no local de trabalho".

13.3.10 Anexo n.º 10 da NR-15 da Portaria n.º 3.214/78

"As atividades ou operações que exponham o trabalhador a umidade consideradas insalubre em decorrência de inspeção realizada no local de trabalho".

13.3.11 Anexo n.º 11 da NR-15 da Portaria n.º 3.214/78

"As atividades ou operações que exponham o trabalhador a agentes químicos cujas concentrações ultrapassam os limites de tolerância fixado no quadro n.º I da portaria".

13.3.12 Anexo n.º 12 da NR-15 da Portaria n.º 3.214/78

"As atividades ou operações que exponham o trabalhador a poeiras minerais cujas concentrações sejam superiores aos limites de tolerância fixado neste anexo".

13.3.13 Anexo n.º 13 da NR-15 da Portaria n.º 3.214/78

"As atividades ou operações envolvendo agentes químicos, consideradas insalubres em decorrência de inspeção realizada no local de trabalho".

13.3.14 Anexo n.º 14 da NR-15 da Portaria n.º 3.214/78

"As atividades ou operações envolvendo agentes biológicos, consideradas insalubres em decorrência de inspeção realizada no local de trabalho".

13.4 NORMAS DE HIGIENE OCUPACIONAL – NHOs

As Normas de Higiene Ocupacional (NHOs) compõem uma série de normas técnicas, resultantes dos trabalhos técnicos da Fundacentro, que abordam diferentes aspectos dos procedimentos e critérios de identificação, avaliação e controle dos riscos e perigos ambientais e profissionais, com o principal objetivo de fomentar a adoção de medidas preventivas contra doenças profissionais e quaisquer outros riscos e fatores potencialmente danosos à saúde e à segurança dos trabalhadores em diversos ambientes ocupacionais.

Os conteúdos são baseados em referências normativas de abrangência internacional e na aplicação prática dos métodos e se destinam, principalmente, aos profissionais que atuam na caracterização, avaliação, controle e gestão dos aspectos envolvidos com o gerenciamento dos riscos e perigos ocupacionais, além de todos os atores sociais e estudantes envolvidos nas questões relacionadas à segurança e saúde ocupacional, de modo geral.

13.5 EQUIPAMENTOS DE MIDIÇÃO MAIS UTILIZADOS NA PERÍCIA

13.5.1 Medidor de ruído

O dosímetro de ruído consiste em um medidor de nível de pressão sonora especial, proposto exclusivamente para medir a exposição ao ruído de uma pessoa por determinado período de tempo. Geralmente, a aferição é feita para cumprir regulamentos de saúde e segurança do trabalho. Em ambientes ocupacionais, os dosímetros pessoais são usados no corpo de um trabalhador comum, com microfone montado no topo do ombro mais exposto do trabalhador.

13.5.2 Medidor de calor

Monitor de IBUTG ou medidor de estresse térmico. Popularmente conhecido como medidor de estresse térmico, o IBTUG (Índice de Bulbo Úmido e Termômetro de Globo) permite a avaliação das condições do ambiente, no que se refere ao calor.

13.5.3 Medidor de vibração

Medidores de vibração. Os medidores de vibração são utilizados para avaliar a intensidade das vibrações nos braços, mãos e corpo do colaborador, durante a realização das atividades de rotina. Os compactadores, britadeiras, marteletes e lixadeiras estão entre os principais causadores desse tipo de efeito.

14

PERICULOSIDADE

14.1 NORMA REGULAMENTADORA – NR-16

A norma regulamentadora foi originalmente editada pela Portaria MTb n.º 3.214, de 08 de junho de 1978, de maneira a regulamentar os artigos 193 a 196 da Consolidação das Leis do Trabalho (CLT), conforme redação dada pela Lei n.º 6.514, de 22 de dezembro de 1977, que alterou o Capítulo V (Da Segurança e da Medicina do Trabalho) do Título II da CLT.

A norma é composta de uma parte geral, contendo definições e procedimentos para pagamento do adicional de periculosidade, e anexos que tratam das atividades perigosas em específico.

14.2 PERICULOSIDADE

Conforme Gunther e Mandalozzo (2013, p. 29), trabalho periculoso é aquele "prestado no ambiente de trabalho onde se encontram presentes os agentes que podem atuar instantaneamente, com efeitos danosos imediatos, uma vez que podem levar à incapacidade ou morte repentina do obreiro".

De acordo com o entendimento de Oliveira (2011, p. 187), "de certa forma, todo trabalho encerra algum perigo, observando, entretanto, que, em algumas atividades, esse risco é mais acentuado".

A periculosidade representa um risco de morte iminente, imediato, inesperado, em atividades que possuem um alto risco de acidente. O adicional de periculosidade é uma compensação pelo risco à vida e à integridade física para o trabalhador que executa tais atividades perigosas.

O artigo 193 da CLT (Decreto Lei 5.452/1943) define que

> [...] as atividades ou operações perigosas são aquelas que, por sua natureza ou por seus métodos de trabalho, impliquem em risco acentuado em virtude de exposição permanente do trabalhador a inflamáveis, explosivos, energia elétrica, roubos ou outras espécies de violência física nas atividades profissionais de segurança pessoal ou patrimonial.

Por essa definição, temos três critérios para caracterização de periculosidade:

1. Atividades e operações perigosas

2. Risco acentuado

3. Exposição permanente

Para entendimento do primeiro critério e complementar o artigo 193, foi instituído a NR16 – Atividades e operações perigosas. Em cada um de seus anexos, há a listagem de atividades e áreas de risco que o órgão competente do Ministério da Economia (anteriormente era o Ministério do trabalho) entende que gera adicional de periculosidade. Os anexos são:

- Anexo 1 – atividades e operações perigosas com explosivos;

- Anexo 2 – atividades e operações perigosas com inflamáveis;

- Anexo 3 – atividades e operações perigosas com exposição a roubos ou outras espécies de violência física nas atividades profissionais de segurança pessoal ou patrimonial;

- Anexo 4 – atividades e operações perigosas com energia elétrica;

- Anexo 5 – atividades perigosas em motocicleta;

- Anexo (*) – atividades e operações perigosas com radiações ionizantes ou substâncias radioativas.

Em relação ao segundo critério, o conceito de "risco acentuado" tornou-se assunto de controvérsias devido à sua subjetividade por não se encontrar em documento legal uma clara definição. Afinal, o conceito de risco é definido na NBR ISO 31000 (Gestão de riscos- -diretrizes) como o "efeito da incerteza nos objetivos". Essa incerteza é reduzida com a aplicação de técnicas de classificação de riscos. Há muitas variedades de técnicas, porém as mais usuais classificam riscos por meio de probabilidade de ocorrência do evento por exposição a um perigo (Ex.: explosão por manipulação de inflamáveis, choque elétrico em subestação) e a severidade da consequência (morte, amputação, queimaduras etc.). A combinação desses fatores resulta em níveis de significância, tais como risco alto, médio, baixo ou risco aceitável/inaceitável. Os resultados desses estudos de risco nos mostram se o risco está sob controle ou não.

Porém o entendimento uniforme na esfera jurídica e demais ramos de conhecimento que tratam a matéria é que são as atividades e operações perigosas determinadas na NR16 que geram risco acentuado, independentemente de quaisquer outras considerações. Em outras palavras, a constatação de que o trabalhador executa uma das atividades consideradas na NR16 é suficiente para caracterizar a periculosidade, não sendo necessário proceder a análise de riscos referida anteriormente para verificar se o risco é ou não acentuado.

Já no terceiro critério, o conceito de "exposição permanente" da mesma forma que os anteriores, acaba remetendo a diferentes interpretações técnicas e jurídicas.

Como vimos na análise dos dois primeiros critérios, para caracterizar a periculosidade, a NR16 define quais são as atividades e operações perigosas que possuem risco acentuado. O conceito de "exposição permanente" acaba remetendo a diferentes interpretações técnicas e jurídicas. Para auxiliar nessa definição, o anexo 4 da NR16 (atividades e operações perigosas com energia elétrica), instituído em 2014, traz uma definição que equipara trabalho permanente a intermitente. Porém essa definição não está em todos os anexos.

Da mesma forma, para tentar minimizar a subjetividade, o Tribunal Superior do Trabalho (TST) instituiu em 2016 a súmula 364 que traz interpretação para a exposição.

14.3 ADICIONAL DE PERICULOSIDADE. EXPOSIÇÃO EVENTUAL, PERMANENTE E INTERMITENTE

I – Tem direito ao adicional de periculosidade o empregado exposto permanentemente ou que, de forma intermitente, sujeita--se a condições de risco. Indevido, apenas, quando o contato dá-se de forma eventual, assim considerado o fortuito, ou o que, sendo habitual, dá-se por tempo extremamente reduzido.

II – Não é válida a cláusula de acordo ou convenção coletiva de trabalho fixando o adicional de periculosidade em percentual inferior ao estabelecido em lei e proporcional ao tempo de exposição ao risco, pois tal parcela constitui medida de higiene, saúde e segurança do trabalho, garantida por norma de ordem pública.

Como se pode perceber, a subjetividade do conceito de "permanente" nos dois casos foi reduzida e fica claro que a exposição a condições de riscos (nas atividades e operações da NR16), de forma permanente ou intermitente, gera adicional à periculosidade, sendo indevido na exposição eventual, assim considerado o fortuito, ou que não faça parte da rotina. Interessante ressaltar que a súmula 364 traz o termo "condições de risco" e não "risco acentuado" como previsto na CLT, demonstrando a fragilidade da base jurídica brasileira na forma de escrever as normas, deixando a cargo dos profissionais as interpretações. Nesse caso, deve-se equiparar os dois termos para as atividades previstas na NR16.

A súmula 364 ainda acrescenta que, mesmo que o trabalhador se exponha habitualmente a condições de risco, a periculosidade não será devida se a exposição for por tempo extremamente reduzido. Mas o que é considerado habitual, eventual, extremamente reduzido, permanente e intermitente?

Habitualidade não significa realizar as mesmas atividades sempre (ou quase sempre) ou durante toda a jornada de trabalho. Não tem relação ao tempo de exposição, mas, sim, à exposição à determinada condição de risco. Eu posso habitualmente entrar em área de risco, mas permanecer pouco tempo exposto. E assim se difere da exposição eventual. A exposição eventual já foi conceituada anteriormente (anexo 4 da NR16 e súmula 364), sendo a atividade realizada de forma não programada, sem mensuração de tempo e para atendimento a uma ocorrência fortuita que não faça parte da rotina.

O tempo de exposição é caracterizado entre permanente, intermitente ou extremamente reduzido. A exposição permanente é aquela atividade realizada durante toda a jornada normal de trabalho, não quebrando a permanência de exposição ao risco. Já a exposição intermitente é aquela atividade realizada de forma programada no exercício de parte de suas atividades, podendo essas se repetirem em determinados intervalos. Em ambas, há habitualidade na execução de atividade ou operações perigosas previstas na NR16. Dessa forma, a exposição permanente/intermitente é aquela não eventual e assim há habitualidade na exposição.

A exposição por tempo extremamente reduzido traz diversas interpretações e é muito comum empresas e indústrias com situações de trabalho em que trabalhadores se expõem a condições de risco por pequenos tempos. Esse termo não possui conceito legal de qual tempo deve ser considerado o que dificulta ainda mais para o profissional caracterizar a periculosidade.

Dessa forma, conclui-se que, apesar de grandes subjetividades nas definições dos critérios para caracterização de periculosidade na legislação, pode-se adotar as premissas anteriores para minimizá-las e, assim, realizar uma análise mais técnica e adequada às interpretações jurídicas. Veja que muitas interpretações são com base jurídica e sempre é prudente que consulte um profissional da área jurídica para contribuir com a análise.

Os três critérios mencionados no início desta publicação que caracterizam a periculosidade podem ser resumidos conforme a seguir:

1. Atividades e operações perigosas: são as previstas na NR16;

2. Risco acentuado: independente se o risco está controlado ou não, considere as atividades previstas na NR16;

3. Exposição permanente: considere quando fizer parte da função/rotina/programação, mesmo que a exposição seja intermitente.

Sendo assim, com base no exposto conseguimos definir se há ou não jus a adicional de periculosidade. Para isso, é necessário elaborar um laudo para detalhar todas as informações relacionadas às atividades e aos trabalhadores, sendo responsabilidade do engenheiro de Segurança do Trabalho, conforme previsto na NR16.

Para periculosidade, o fator "morte iminente" é o que motiva a sua concessão, já que não é o tempo exposto a uma condição que lhe causa o dano, mas, sim, os perigos presentes no ambiente de trabalho, que em razão de suas atividades, qualquer falha na execução é o suficiente para a fatalidade. Afinal, eventos podem ocorrer, mesmo que riscos sejam classificados como baixos/aceitáveis, pois a incerteza da ocorrência depende da eficiência e funcionamento dos controles/barreiras que evitam um acidente, sendo que esses podem ser degradados (por falta de verificação periódica) ou burlados pelos executantes.

Para o trabalhador ter direito a receber o adicional de periculosidade, é necessário o preenchimento de determinadas condições pré-estabelecidas pelo Ministério do Trabalho.

14.4 PESQUISA DAS ATIVIDADES E OPERAÇÕES PERIGOSAS

14.4.1 Anexo n.º 1 da NR-16 da Portaria n.º 3.214/78

"Atividades ou operações perigosas que exponham o trabalhador aos riscos gerados pelos explosivos".

14.4.2 Anexo n.º 2 da NR-16 da Portaria n.º 3.214/78

"Atividades ou operações perigosas que exponham o trabalhador aos riscos gerados pelo inflamável".

14.4.3 Anexo n.º 3 da NR-16 da Portaria n.º 3.214/78

"Atividades e operações perigosas com exposição a roubos ou outras espécies de violência física nas atividades profissionais de segurança pessoal ou patrimonial".

14.4.4 Anexo n.º 4 da NR 16 da Portaria n.º 3.214/78

"Atividades e operações perigosas que exponha o trabalhador aos riscos gerados pela energia elétrica".

14.4.5 Anexo n.º 5 da NR 16 da Portaria n.º 3.214/78

Atividades perigosas em motocicletas.

> *Em virtude de decisão judicial, proferida por meio de acórdão da 5ª Turma do Tribunal Regional Federal da 1ª Região, transitado em julgado, proferido em sede da ação 0018311-63.2017.4.01.3400, foi declarada a nulidade da Portaria MTE n.º 1.565/2014, a fim de que seja determinado o reinício do procedimento de regulamentação.*

14.4.6 Portaria n.º 3.393, de 17 de dezembro de 1987/Portaria GM n.º 518, de 4 de abril de 2003, Portaria n.º 1.885, de 2 de dezembro de 2013

"Atividades e operações que exponham o trabalhador aos riscos gerados pela radiação ionizante ou substância radioativa".

15

PERITO

O perito, *lato sensu*, é a pessoa (ou grupo de pessoas) de estrita confiança do juiz, por ele designado, sempre que for necessário o esclarecimento de assuntos técnicos ou científicos que extrapolem os permissivos legais do magistrado.

O perito judicial é um cidadão comum que tenha vasto conhecimento sobre determinado assunto e que é chamado pela Justiça para esclarecer questões técnicas e científicas em um processo judicial. Trata-se, portanto, de um auxiliar eventual por necessidade técnica do juízo (Theodoro Jr, 2015).

15.1 NOMEAÇÃO DO PERITO

Diferentemente do árbitro, o perito, *lato sensu*, é a pessoa (ou grupo de pessoas) de estrita confiança do juiz, por ele designado, sempre que for necessário o esclarecimento de assuntos técnicos ou científicos que extrapolem os permissivos legais do magistrado.

Por isso, "a nomeação do perito é indispensável, mesmo que o juiz possua conhecimento técnico pertinente à apuração do fato probando" (Theodoro Jr, 2015, p. 592).

Assim, o perito é mais que um auxiliar do juiz, ele é um auxiliar da justiça e, como tal, deve se portar com absoluta independência, focado sempre nos limites que a questão técnica que está sendo controvertida lhe impõe.

O perito judicial é um cidadão comum que tenha vasto conhecimento sobre determinado assunto e que é chamado pela Justiça para esclarecer questões técnicas e científicas em um processo judicial.

Trata-se, portanto, de um auxiliar eventual por necessidade técnica do juízo (Theodoro Jr, 2015).

Assim, sempre que houver controvérsia acerca de uma questão técnica ou científica, a legislação impõe ao magistrado a necessidade de nomear um profissional especializado naquele assunto para que o auxilie na correta prestação jurisdicional, visto que "não se pode exigir conhecimento pleno do juiz a respeito de todas as ciências humanas e exatas" (Neves, 2016, p. 1328).

Não poderia ser diferente o caminho adotado pelo *Vocabulário Jurídico*, de De Plácido e Silva (2014), define o perito como sendo o "homem hábil (experto), que, por suas qualidades ou conhecimentos, está em condições de esclarecer a situação do fato ou do assunto que se pretender aclarar ou pôr em evidência, para uma solução justa e verdadeira da contenda" (Silva, 2014, p. 1569).

Na mesma linha e apresentando uma conceituação mais atual, em face das inovações promovidas pelo legislador, o professor Reinaldo Alberto Filho, em seu livro *Da Perícia ao Perito*, define que o perito é:

> O profissional legalmente habilitado [e os órgãos técnicos e científicos], devidamente inscritos em cadastro mantido pelo tribunal ao qual o juiz está vinculado, com autorização profissional para elucidar sobre um fato objeto de qualquer contenda, sendo judicial ou administrativa, desde que com o espeque em conhecimentos técnicos ou científicos (Alberto Filho, 2015, p. 30).

Assim, sempre que a solução da lide depender da aplicação de conhecimento técnico ou científico, o juiz deverá estar assessorado por um perito (Neves, 2016).

Ao reconhecer a importância da prova pericial para a solução justa da lide, o CPC prestigia o perito, exigindo grande transparência para sua nomeação e reforçando a necessidade de que o perito escolhido seja detentor de conhecimento técnico especializado.

O perito é o profissional que, face aos seus conhecimentos técnicos e científicos, é chamado para auxiliar o juiz no descobrimento da verdade sobre determinado fato. Alguns processualistas entendem que já está superada a visão do exame pericial como simples meio de prova.

Assim, o perito passa a ser considerado, por disposição legal, auxiliar do juízo, realizando tarefa que, teoricamente, o próprio magistrado deveria fazer, mas que, por limitação técnica ou científica, vê-se obrigado a recorrer à assistência de um *expert*, conforme previsto no Código de Processo Civil (Theodoro Jr, 2015).

O perito judicial é, portanto, pessoa estranha ao quadro de funcionários permanentes da Justiça, escolhido pelo juiz para atuar, mediante remuneração, em um processo específico (Theodoro Jr, 2015).

Em face de suas qualificações técnicas, dentre as quais, salvo nas localidades onde não existam profissionais qualificados, deverá ter nível universitário, inscrição no respectivo órgão de classe e especialidade na matéria objeto da perícia, nos termos do artigo 156 do CPC (Brasil, 2015).

É importante sempre lembrar que a função do perito é comprovar tecnicamente, na especialidade do *expert*, a veracidade ou não de determinada questão técnica, deixando a discussão sobre a quem assiste o direito em relação à realidade verificada para aquele que detém o poder da toga, ou seja, ao juiz.

Assim, a perícia tem a função de declaração de caráter técnico sobre determinado objeto, ato ou fato, ou seja, a perícia tem o objetivo de auxiliar o juiz com um conhecimento especializado que ele não possui (Theodoro Jr, 2015).

Ao nomear o perito, o juiz fixará o prazo para a entrega do respectivo laudo, determinando a cientificação do *expert* e a intimação das partes.

Intimadas da nomeação do perito, as partes poderão, no prazo de 15 (quinze) dias, indicar assistente técnico, apresentar quesitos e, se for o caso, arguir impedimento ou suspeição.

O perito, por sua vez, ciente de sua nomeação e entendendo não ser o caso de se escusar (Art. 157 e 467, CPC) deverá, no prazo de 5 (cinco) dias, apresentar: a) proposta de honorários; b) currículo, com comprovação de especialização; e c) dados profissionais de contato, especialmente o e-mail para o qual será endereçadas as intimações pessoais.

Cumpridas essas exigências pelo perito, as partes serão devidamente intimadas a se manifestarem, oportunidade em que poderão pleitear a redução dos honorários periciais propostos, quando se mostrarem excessivos, bem como requerer a substituição do perito por faltar-lhe conhecimento técnico ou científico no objeto da perícia, o que só poderá ser constatado após tomarem conhecimento de seu currículo (Art. 465, §2º, II, CPC).

Nos casos em que o objeto da perícia versar sobre a autenticidade ou a falsidade de documentos ou tiver natureza médico-legal, o perito será nomeado preferencialmente entre os técnicos dos estabelecimentos oficiais especializados (Art. 478, CPC).

Quando a perícia tiver que ser realizada por carta, a nomeação do perito e a indicação dos assistentes técnicos será feita perante o juízo ao qual será requisitada a perícia (Art. 465, §6º, CPC).

15.2 SUBSTITUIÇÃO DO PERITO

Segundo Sá (2011), a substituição ocorre quando o profissional recusa o trabalho por impedimento ou por impossibilidade de realizá-lo. Como observado, o perito pode ser substituído por motivos diversos, então, deve procurar cumprir suas obrigações ética, morais e legais, mantendo sempre a maior imparcialidade.

15.3 ESCUSA OU RECUSA DO PERITO

Intimadas da nomeação do perito e não tendo este se escusado, as partes poderão, se for o caso, arguir seu impedimento (Art. 144, CPC) ou suspeição (Art. 145, CPC), no prazo de 15 dias (Art. 148, II; 465, §1º e 467, CPC).

As partes também poderão, no prazo de cinco dias, recusar o perito sob o argumento de que ele não possui conhecimento técnico ou científico para a realização da perícia, o que poderá ser constatado a partir da análise de seu currículo e respectivas especializações, pois, como já visto, o legislador foi expresso e até repetitivo, ao exigir que a nomeação do expert considere sua especialização quanto ao objeto da perícia.

Atente-se que eventual ausência de impugnação tempestiva ao perito por faltar-lhe capacitação técnica ou científica deve ser relativizada, pois, como já entendeu o Superior Tribunal de Justiça, "não é possível exigir das partes que sempre saibam, de antemão, quais são exatamente as qualificações técnicas e o alcance dos conhecimentos do perito nomeado" (Recurso Especial n.º 957347/DF).

Julgando procedente a impugnação, seja por impedimento ou suspeição ou ainda por falta de conhecimento técnico ou científico, o magistrado nomeará outro perito (Art. 467, parágrafo único, e Art. 468, I, CPC).

15.4 INDICAÇÃO DO PERITO ASSISTENTE

A figura dos assistentes técnicos está disposta no Art. 465 do CPC, no qual enuncia que incumbe às partes a indicação de assistente técnico, bem como a apresentação de quesitos, sendo que este último será visto adiante.

E encontra respaldo legal no Art. 466, § 1º, do referido diploma, no qual considera que os assistentes técnicos são de confiança da parte. Martins (2016, p. 483) destaca que "As partes podem indicar assistentes técnicos, mas o único que presta compromisso é o perito, pois o assistente técnico não o faz, nem vincula seu trabalho ao juiz".

Já o Art. 466, §2º enuncia que cabe ao perito assegurar as partes litigantes, bem como aos assistentes das partes o acesso e acompanhamento das diligências periciais a serem realizadas.

Já vimos que pelo artigo 465, §1º, do Código de Processo Civil, com a intimação da nomeação do perito, as partes deverão, no prazo de 15 (quinze) dias, indicar assistentes técnicos a apresentar quesitos.

Por serem profissionais de confiança das partes, é óbvio que os assistentes técnicos não podem ser alvos de arguição de suspeição ou impedimento, mas, apesar dessa obviedade, o legislador preferiu deixar expressa tal situação (Art. 466, §1º, CPC).

A figura dos assistentes técnicos está disposta no Art. 465 do CPC, no qual enuncia que incumbe às partes a indicação de assistente técnico, bem como a apresentação de quesitos, sendo que este último será visto adiante. Encontra respaldo legal no Art. 466, § 1º, do referido diploma, no qual considera que os assistentes técnicos são de confiança da parte.

Destaca Martins (2016, p. 483) que "As partes podem indicar assistentes técnicos, mas o único que presta compromisso é o perito, pois o assistente técnico não o faz, nem vincula seu trabalho ao juiz".

No que tange aos quesitos complementares, conhecido também como quesitos suplementares, o CPC traz o Art. 469, que dispõe que as partes litigantes poderão vir a apresentar quesitos complementares.

Por fim, vale observar que nas perícias mais complexas, que abrangem mais de uma área do conhecimento, o juiz pode nomear mais de um perito, caso em que às partes também é facultada a indicação de mais de um assistente técnico.

16

HONORÁRIOS PERICIAIS

Acerca dos honorários periciais, os quais são suportados pela parte sucumbente na pretensão objeto da perícia, estes consistem no pagamento de quantia determinada, a qual é fixada pelo juízo da ação como forma de remuneração ao trabalho de quem realizou a perícia.

O conhecimento de qual das partes sucumbiu na pretensão da com a sentença do juiz proferida nos autos sobre o processo, cabendo ao juiz arbitrar o valo dos honorários periciais, tendo como base a complexidade dos trabalhos, grau de zelo do profissional, tempo e esforço despendido na elaboração do laudo podendo, inclusive, majorá-los, se houver reiteradas manifestações e consequentes esclarecimentos do perito.

Também cabe ao juiz definir se a parte do processo é beneficiária da justiça gratuita, em razão da situação desprivilegiada e hipossuficiente, não podendo arcar com as custas e honorários do processo sem prejuízo do seu sustento e de sua família, sendo, então, os encargos relativos aos honorários periciais suportados pela União (Súmula 463 do TST).

Antes da "Reforma Trabalhista", o simples fato de o trabalhador estar assistido pelo benefício da gratuidade da justiça já lhe resguardava o direito de isenção ao pagamento de honorários periciais, os quais, em caso de sucumbência, eram suportados pela União (Súmula 463 do TST).

Essa era a regra contida no Art. 790-B da CLT antes da alteração feita pela Reforma Trabalhista, que estava em total conformidade com a garantia constitucional de livre acesso à justiça prevista na constituição Federal e com o disposto no Art. 9º da Lei n.º 1.060/50, que prevê que os benefícios da justiça gratuita compreendem todos os atos processuais do processo até seu término, inclusive em instâncias superiores.

Após a Reforma Trabalhista, conforme a redação atual do §3º do artigo 790 da CLT (Brasil, 2016, p. 133), é facultado aos juízes, órgãos julgadores e presidentes dos Tribunais concederem o benefício da justiça gratuita, àqueles que perceberem salário igual ou inferior a 40% (quarenta por cento) do limite máximo dos benefícios da Previdência Social. Por outro lado, a redação antiga do mesmo parágrafo deixava expressa que seria concedido o benefício da justiça gratuita àqueles que declarassem, sob as penas da lei, que não possuíam condições de pagar as custas e despesas do processo.

O primeiro aspecto relevante do §4º do referido artigo é que a Reforma Trabalhista trouxe a possibilidade de o benefício da justiça gratuita ser concedido a qualquer uma das partes litigantes no processo, reclamante ou reclamado, desde que comprovada a insuficiência de recursos para o pagamento das custas processuais e honorários.

Ressalta-se que a CLT, após a reforma, limitou a gratuidade da justiça àqueles que comprovadamente demonstrarem necessidade ao benefício. Contrariou totalmente, assim, a antiga ideia trazida pelo artigo 4º da Lei n.º 1.060/50, já revogado pela Lei n.º 13.105/2015. Esse dispunha, então, no sentido de que a simples declaração de pobreza feita pela parte era suficiente para a concessão do benefício sob a ótica da presunção da condição de miserabilidade.

É possível afirmar que, atualmente, mesmo ao reclamante, ora empregado, só serão concedidos os benefícios da justiça gratuita quando comprovada a insuficiência de recursos financeiros para o pagamento das custas processuais e honorários advocatícios. E poderá, então, o aludido benefício ser revogado a qualquer momento, quando houver alteração na situação econômica do privilegiado.

Diferente do que ocorre com os honorários periciais, os do assistente técnico, possibilidade conferida às partes em indicarem um de sua confiança (portanto, sem se sujeitarem a impedimento ou suspeição) na realização da perícia, em virtude de constituir em uma faculdade das partes o seu custeio é de responsabilidade da parte contratante.

Dessa forma, ainda que vencedora no objeto da perícia, a parte que quis nomear um assistente de perito responde com os custos desse assistente, como elucida a Súmula n.º 341 do TST.

17

DILIGÊNCIA TÉCNICA PERICIAL

Diligência técnica pericial é investigação feita por oficiais de justiça para apuração dos fatos de um processo. Diligência pode, ainda, ser considerada uma investigação com intuito de esclarecer questões relacionadas aos processos.

O perito, investido da função judicial de esclarecer os fatos, deverá coletar elementos, produzir cenários, realizar cálculos, utilizar a lógica, efetuar diligência, tomar depoimento, bem como usar outros meios lícitos que possam contribuir na produção da prova pericial.

Ao ser realizada a diligência técnica pericial, o perito analisa o trabalho e pesquisa o trabalho, com base em paradigmas, informações prestadas, documentações, avaliações ambientais, serviços equivalentes etc., sendo elas válidas perante a lei, uma vez que são respaldadas legalmente no Art. 429 do Código de Processo Civil (Brasil, 2016, p. 105) que preceitua:

> *Art. 473–IV-§3º. Para o desempenho de sua função, podem o perito e os assistentes técnicos utilizar-se de todos os meios necessários, ouvindo testemunhas, obtendo informações, solicitando documentos que estejam em poder de parte ou em repartições públicas, bem como instruir o laudo com plantas, desenhos, fotografias e outras quaisquer peças.*

Durante a diligência técnica pericial, é preciso ter algumas figuras que são imprescindíveis para a boa condução desse processo, porém, as suas presenças são facultativas, cabendo ao perito realizar normalmente a diligência técnica pericial, mesmo com a ausência do reclamante, representante da reclamada, paradigmas etc., elaborando o seu laudo técnico pericial de forma conclusiva e mais próximo da realidade laboral do reclamante, dentro das possibilidades e condições encontradas para realização do trabalho técnico pericial.

De acordo com o Art. 466 do CPC (Brasil, 2016, p. 89):

§1º – Os assistentes técnicos são de confiança da parte e não estão sujeitos a impedimento ou suspeição.

§2º – O perito deve assegurar aos assistentes das partes o acesso e o acompanhamento das diligências e dos exames que realizar, com prévia comunicação, comprovada nos autos, com antecedência mínima de 5 (cinco) dias.

Portanto, em data, horário e local previamente agendados para a diligência técnica pericial, os envolvidos se reúnem para o levantamento de informações sobre as atividades executadas pelo reclamante e as suas condições ambientais de trabalho. Via de regra, participam dessas diligências periciais o perito judicial, que é o profissional de confiança do juízo, que irá conduzir a diligência pericial e, após a realização da perícia, elaborará o seu laudo técnico pericial com o objetivo de subsidiar o juiz em sua decisão, participa o assistente técnico, que pode ser indicado por ambas as partes, sendo um profissional da área que ocorrerá a diligência e participará da perícia e, assim como o perito judicial, esse poderá elaborar um parecer técnico, contendo a sua conclusão em relação ao que foi periciado, participa o reclamante, que é a parte interessada, onde será ouvido seu relato de como as atividades eram realizadas, participa o representante da reclamada, que, assim como o reclamante, irá detalhar quais foram as atividades deste durante o contrato de trabalho, participa o paradigma do reclamante, que é o empregado da empresa que realiza as mesmas atividades ou similares a do reclamante, bem como conhece o processo desenvolvido.

Ressaltando que a diligência pericial ocorre mesmo não havendo a presença de alguns dos participantes supracitados, pois é facultado às partes a sua participação ou não na diligência pericial. Também pode haver a participação de outros envolvidos no processo, como advogados, proprietário da reclamada, pessoas que trabalharam como reclamante etc., ficando a cargo do perito liberar a participação dessas pessoas na diligência ou liberar a participação deles, caso houver autorização explícita nos autos, liberando a sua participação na diligência pericial.

PERÍCIA TRABALHISTA DE INSALUBRIDADE E PERICULOSIDADE

Após a coleta de informações, o perito procede a visita aos postos de trabalho do reclamante com a respectiva avaliação das suas condições de trabalho, realizando avaliações qualitativas e quantitativas dos agentes insalubres e periculosos identificados, em conformidade com as Normas de Higiene Ocupacional, visando o objeto da perícia, com base nas Normas Regulamentadoras da Portaria 3.214/1978 do MTE.

18

LAUDO PERICIAL

O laudo pericial é o relato do técnico ou especialista desig-nado para avaliar determinada situação que está dentro de seus conhecimentos. O laudo é a tradução das impressões captadas pelo técnico ou especialista, em torno do fato litigioso, por meio dos conhecimentos especiais de quem o examinou.

É um dos meios de prova utilizados pelo juiz para proferir a sentença, embora no direito brasileiro o juiz não esteja adstrito ao laudo, podendo aceitá-lo ou rejeitá-lo integral ou parcialmente. Diante de matéria técnica que exige conhecimentos especializados, o juiz pedirá um laudo ao especialista respectivo. Em suma, é uma opinião especializada de um profissional habilitado sobre matéria fática para solucionar discórdias em discussões judiciais.

O laudo pericial é a prova de execução da perícia. No entanto, o laudo pericial por si só não é garantia de que a perícia atingiu o objetivo para o qual foi deferida. Para que o laudo pericial possa satisfazer às necessidades da prova pericial, deve estar apoiado na pesquisa e na investigação dos fatos, atributos fundamentais de sustentação da perícia.

Sem elas, o perito não conseguirá defender seu laudo e nem oferecer a prova esperada para auxiliar a sentença do juiz. O Código de Processo Civil não define o que é laudo pericial e não nos conduz à sua feitura.

O laudo pericial deve ser objetivo, claro, preciso, conciso e completo. Esses atributos não impedem que o laudo deva conter aspectos analíticos sempre que for necessário oferecer detalhes sobre a prova pericial. Contudo, esses detalhes, preferencialmente, devem estar contidos em anexo, referenciados no corpo do laudo.

Essa técnica de incorporar ao corpo do laudo, anexo com detalhes sobre a prova pericial, proporciona leitura e entendimento contextualizados, sem se tornar cansativo ou de difícil entendimento.

Embora a perícia tenha sido requerida e deferida pelo juiz, o Código de Processo Civil, no Art. 436 (Brasil, 2021, p. 84-85), assim se manifesta sobre o laudo pericial: o juiz não está adstrito ao laudo pericial, podendo formar a sua convicção com outros elementos ou fatos provados nos autos. Essa prescrição do CPC deve soar para o perito como alerta de que seu trabalho deve ser o mais completo possível, a fim de que não seja uma peça decorativa e sim um trabalho fundamental para balizamento do magistrado em sua sentença.

O laudo pericial deve conter três partes principais e distintas, porém todas comprometidas com o entendimento da totalidade da prova. São elas: introdução, respostas aos quesitos e conclusões.

A análise detalhada das evidências é uma etapa crucial no processo de elaboração do laudo pericial trabalhista. Nessa etapa, o perito deve realizar uma avaliação completa e minuciosa das evidências apresentadas e aplicar os métodos e as técnicas apropriadas para analisar as questões em pauta. Essa etapa exige uma abordagem rigorosa por parte do perito. Ele deve considerar todas as evidências apresentadas e aplicar as melhores práticas para a análise de dados e a interpretação de resultados. Além disso, o perito deve utilizar referências legais e normativas pertinentes ao caso.

O laudo pericial trabalhista deve conter uma estruturação adequada, incluindo capa, índice, introdução, corpo do laudo e considerações finais. É importante que a linguagem técnica adequada seja utilizada, evitando ambiguidades e interpretações errôneas que possam influenciar o laudo. Quando apropriado, tabelas, gráficos e imagens devem ser inseridos para ilustrar os pontos abordados.

A objetividade é mais um ponto importante na hora de aprender como fazer um laudo pericial trabalhista. O perito deve apresentar os fatos e as conclusões de forma objetiva e imparcial, evitando opiniões pessoais ou preconceitos que possam influenciar o laudo.

A neutralidade é fundamental em um laudo pericial trabalhista, garantindo que o juiz tenha uma visão real dos fatos.

O laudo pericial trabalhista requer revisão completa para garantir a clareza, coesão e correção gramatical. A consistência das informações apresentadas e a estruturação do laudo devem ser verificadas. Revisar e fazer ajustes é fundamental para garantir que ele cumpra o seu papel e torne-se uma fonte segura e confiável de informações.

Por fim, é importante destacar que o laudo pode precisar de reavaliação, caso surjam novas informações ou mudanças no caso. É preciso fornecer adendos ou atualizações ao laudo, conforme o necessário. A devida atenção às atualizações é importante para a manutenção da qualidade e confiabilidade do laudo.

18.1 ELABORAÇÃO DO LAUDO PERICIAL

O ordenamento jurídico brasileiro define que a perícia é um dos meios de prova admitidos em direito (Brasil, 2015). Mesmo não tendo valor probatório absoluto (como nenhum outro meio de prova), o laudo pericial tem um grau de confiabilidade maior que os demais, exatamente por se pautar em procedimentos técnicos ou científicos que estão no estado da arte.

O perito judicial, ao produzir seu trabalho para justiça, deve ser meticuloso no desempenho de suas atividades. Não deve agir de forma parcial ou com senso comum, ele deve agir imparcialmente em sua análise e na elaboração de seu laudo. O profissional perito deve se policiar nos estudos do caso tratado para que finalize o laudo pericial com pleno êxito, pois, mesmo sendo um trabalho bem-feito, haverá sempre alguém que irá contestá-lo, querendo assim impugná-lo. Porém, sendo o trabalho pericial consubstanciado em prova robusta e estribado na legislação aplicada ao caso, certamente que será um laudo pericial conclusivo e enfático na lide tratada nos autos.

Dispondo sobre a estruturação do laudo pericial, o artigo 473 do Código de Processo Civil exige que o perito judicial apresente:

a. a exposição do objeto da perícia – trata-se de uma explanação clara do perito sobre os elementos que integram o objeto da perícia, inclusive destacando as principais questões a serem esclarecidas pelo trabalho pericial.

b. a análise técnica ou científica realizada – o perito deve relatar detalhadamente e por meio de linguagem simples como desenvolveu o trabalho técnico ou científico, de modo a permitir que o juiz, as partes e o Ministério Público compreendam todos os fundamentos que o levaram a uma determinada conclusão.

c. a indicação do método utilizado – esclarecendo-o e demonstrando ser predominantemente aceito pelos especialistas da área do conhecimento da qual se originou — além de relatar a "análise técnica ou científica realizada", deve o perito indicar e esclarecer qual método utilizou para alcançar suas conclusões, comprovando que tal metodologia é a predominantemente aceita pelos especialistas dessa área do saber.

d. respostas conclusivas a todos os quesitos apresentados pelo juiz, pelas partes e pelo órgão do Ministério Público – no laudo, o perito tem o dever de apresentar "respostas conclusivas" a todos os quesitos apresentados pelo juiz, pelas partes e pelo Ministério Público. Somente não deverá responder aos quesitos impertinentes indeferidos pelo magistrado. Também não terá o dever de apresentar, no laudo, respostas aos quesitos suplementares formulados pelas partes durante o trabalho pericial, podendo optar por respondê-los apenas na audiência de instrução e julgamento (Art. 469, CPC).

Com relação ao acolhimento do laudo pericial pelo magistrado, Carrion (2012, p. 726) ressalta que "O laudo pericial não vincula o juiz, pois este tem o poder de apreciar livremente as provas".

Nas palavras de Martins (2016, p. 490):

> O juiz não está adstrito ao laudo pericial, podendo formar sua convicção com outros elementos ou

fatos provados nos autos, pois, do contrário, o perito substituiria a função de julgar do magistrado. O juiz apreciará a prova pericial de forma fundamentada, indicando na sentença os motivos que o levaram a considerar ou a deixar de considerar as conclusões do laudo, levando em conta o método utilizado pelo perito (art. 479 do CPC).

A não vinculação do laudo pericial à decisão judicial proferida pelo magistrado encontra respaldo no Art. 479 do CPC.

Um dos principais objetivos que norteiam o trabalho pericial é encontrar *"respostas conclusivas"* para os quesitos formulados pelas partes e pelo juiz.

Naturalmente, ao iniciar seus trabalhos, o *expert* se debruça sobre o objeto da perícia, almejando responder a tudo que lhe foi indagado. Ora, uma vez que já foram concluídas as diligências do perito e ele deixou de responder aos quesitos, pressupõe-se que durante o exame pericial não dedicou a devida atenção à obtenção das respostas esperadas e necessárias, de modo que a mera apresentação intempestiva poderá ser prejudicial às partes, bem como comprometer a segurança e o resultado útil do processo.

Com efeito, dependendo do caso, não se pode admitir que o laudo insuficiente ou lacônico, por ausência de manifestação quanto aos quesitos, possa ser apenas complementado com respostas tardias, as quais certamente não decorrerão do atento e diligente exame do objeto da perícia (Art. 480, CPC). Confira-se, *in verbis*:

> *Perícia insubsistente, persistindo dúvidas a respeito de existência ou não de lesão incapacitante para o trabalho. Quesitos das partes não respondidos. Conversão do julgamento em diligência para a vinda de documentos e realização de nova perícia.*

Os laudos técnicos devem abordar os seguintes aspectos:

1. Inicial onde consta o motivo do trabalho (insalubridade ou periculosidade), qualificação do perito, indicação (fis. dos autos), se convier, informar que após o término da tarefa que foi incumbido, os seus honorários.

2. Apresentação: nesse item, informar como se apresenta o laudo didaticamente (os itens constantes no corpo do laudo).

3. Considerações preliminares: esse tópico é dedicado à definição do que é um laudo pericial, conceitos e definições de saúde do trabalhador e a necessidade da perícia.

4. Histórico: cabe nesse item a apresentação do reclamante, sua função, local de atuação e o período de labor na empresa. Dando continuação nesse mesmo item, informar o dia em que foi realizada a perícia, local, quem recebeu, quem acompanhou, quem serviu de paradigma (modelo).

5. Descrição do local de trabalho do reclamante e fluxograma de trabalho: essa parte do laudo deve ser completa em sua totalidade. Durante a descrição do local de atuação do reclamante, devem constar no corpo do laudo as características físicas do ambiente de trabalho (dimensão, tipo de construção, localização do local de atuação do autor — setor, piso, telhado, ventilação, aeração, iluminação e outros dados que houver necessidade de sua inclusão, maquinários e produtos fabricados ou matérias-primas pertinentes à atividade da empresa/reclamante). Nesse item, descrever também os equipamentos de segurança coletiva implantados nos setores visitados. Na descrição do fluxograma de trabalho, informar com detalhes todas as etapas pertinentes à atividade do reclamante, maquinários operados, produtos manipulados, maneira como é executada a tarefa, adotando como parâmetro as atividades desenvolvidas pelo paradigma. Descrever também se o reclamante permanecia de pé, sentado ou deambulando pelo setor. Se houver mais de uma função, descrevê-las, assim como descrever os locais de atuação durante cada uma delas. Poderá incluir nesse item os equipamentos de segurança individuais utilizados pelos trabalhadores da empresa visitadas.

PERÍCIA TRABALHISTA DE INSALUBRIDADE E PERICULOSIDADE

6. Aferições técnicas: descrever os equipamentos utilizados durante a perícia e os resultados obtidos nessas aferições.

7. Caso haja quesitos por parte do reclamante e reclamada, poderá respondê-los nessa ordem, sempre procurando ser claro e objetivo e, se houver necessidade, complementar o laudo durante estas respostas.

8. Comentários finais: nesse item, devem constar todos os dados obtidos durante a perícia, de forma resumida, informando o resultado da avaliação realizada, dentro do que impõe a NR-15 ou 16, seus anexos e, se houver insalubridade, informar o agente e o grau dela (no caso da empresa ou da atividade do autor). No caso de periculosidade, também deve constar o anexo em que a empresa está caracterizada como periculosa (empresa ou atividade do autor).

9. Conclusão: citando a Lei NR-15, informar de forma sucinta o anexo e o grau de insalubridade ou NR-16 se existe periculosidade e o porquê.

18.2 IMPUGNAÇÃO LAUDO PERICIAL

A impugnação ao laudo pericial é a contestação do resultado apresentado pelo perito, em esfera judicial. As impugnações ao laudo pericial são documentos em que devem ser apresentadas as considerações discordantes.

Após a juntada do laudo ao processo, as partes devem ser notificadas para se manifestarem sob pena de quebra do princípio do contraditório e da ampla defesa. Para tanto, tem-se a necessidade de se evidenciar os motivos impugnáveis.

Pelo princípio do livre convencimento o laudo pericial é apenas mais uma prova que deve ser avaliada no contexto de todo o conjunto probatório. Essa informação está presente, inclusive, no novo Código de Processo Civil (Lei n.º 13.105/2015), na redação dos seguintes artigos:

> *Art. 371. O juiz apreciará a prova constante dos autos, independentemente do sujeito que a tiver promovido, e indicará na decisão as razões da formação de seu convencimento.*

> *Art. 479. O juiz apreciará a prova pericial de acordo com o disposto no art. 371, indicando na sentença os motivos que o levaram a considerar ou a deixar de considerar as conclusões do laudo, levando em conta o método utilizado pelo perito.*

Dessa maneira, o atual CPC materializa uma linha de pensamento que viabiliza que o magistrado decida de forma desvinculada do resultado do laudo pericial, uma vez que a sua decisão pode ter como base outras provas e documentos presentes no processo.

Trata-se de uma informação importante, porque, mesmo nos casos em que a impugnação ao documento emitido pelo laudo não surta efeito, o advogado do requerente tem a possibilidade de usar outras provas para pautar a sua argumentação.

De acordo com o Art. 477, parágrafo 1º, do CPC, as partes, ao serem intimadas, contam com o prazo comum de 15 dias para, se desejarem, manifestarem-se acerca do laudo do perito do juízo. No mesmo prazo comum de 15 dias, o assistente técnico de cada uma das partes pode apresentar seu respectivo parecer.

Dessa maneira, tanto o advogado quanto o assistente técnico podem e devem se manifestar discordando do laudo pericial, nos casos em que achar necessário, respeitando o prazo de 15 dias.

Além disso, impugnação ao laudo pericial ou a manifestação discordante precisam contemplar todos os pontos passíveis de contestação do laudo em questão, sendo necessário, nesse momento, identificar as falhas no laudo pericial e contestá-las.

Entre os principais motivos que levam as partes a impugnar um laudo pericial estão:

PERÍCIA TRABALHISTA DE INSALUBRIDADE E PERICULOSIDADE

- Falhas técnicas e legais;

- Opiniões pessoais do perito;

- Erros metodológicos;

- Desconsideração de quesitos;

- Incoerência entre as respostas e a conclusão;

- Divergência de informações entre o laudo e a verdade fática;

- Falta de imparcialidade;

- Prestação de informação inverídica;

- Descumprimento das obrigações estabelecidas no Art. 473 do CPC/2016;

- Incompatibilidade do enquadramento ao caso em tela;

- Falta de fundamentação;

- Erros metodológicos de avaliação;

- Demonstração de falta de conhecimento técnico;

- Aplicação de enquadramento generalista.

Conforme se observa, a manifestação discordante ou impugnação ao laudo pericial devem contemplar todos os pontos passíveis de contestação do laudo em questão. Portanto, é função do assistente técnico identificar as falhas no laudo pericial e contestá-las.

18.3 ESCLARECIMENTOS À IMPUGNAÇÃO DO LAUDO PERICIAL

Em respeito aos princípios de devido processo legal, do contraditório e da ampla defesa e em conformidade com o Art. 477, §2º, I, do CPC, o perito judicial deve esclarecer as questões sobre as quais exista divergência ou dúvida de qualquer das partes. Havendo negativa judicial ao pedido de esclarecimento feito pela parte do laudo pericial, é inegável o prejuízo processual, restando inequívoco o cerceamento do direito de defesa.

Dessa forma, obrigatoriamente, o perito deve prestar os esclarecimentos necessários sobre a questão impugnada pelo ora agravante, ratificando ou retificando o seu laudo pericial apresentado.

Portando, havendo divergências ou dúvidas das partes, do juiz ou, ainda, se houver pontos divergentes entre os pareceres técnicos e o laudo pericial, o perito judicial tem o dever de, no prazo de 15 (quinze) dias, apresentar os devidos esclarecimentos (Art. 477, §2º, CPC) em linguagem simples e com a devida fundamentação.

Se após esses esclarecimentos ainda houver dúvida ou divergência, a parte poderá requerer ao juiz a intimação do perito ou assistente técnico para comparecimento à audiência de instrução e julgamento, na qual deverão responder aos quesitos que forem apresentados juntamente com tal requerimento (Art. 477, §3º, CPC). Essa intimação se realizará por e-mail, com pelo menos 10 (dez) dias de antecedência da audiência (Art. 473, §4º, CPC).

18.4 GUIA PARA ELABORAÇÃO DO LAUDO TÉCNICO

Segundo Cardoso (2017, p. 46), não há um roteiro para a elaboração do laudo pericial padrão. O que existem atualmente são convenções, geralmente embasadas em peritos experientes que desenvolvem livros e manuais voltados às perícias. Entretanto, existem algumas divergências entre os autores, no que se refere ao conteúdo de um bom laudo.

O estabelecido é que o laudo técnico deve ser similar a uma sentença judicial e, de acordo com o artigo 489 do CPC, deve conter relatório, fundamentos e conclusão.

Ainda segundo o Código de Processo Civil, no artigo 473, o mínimo exigido para o conteúdo de um laudo perícia é: expor o objeto da perícia; evidenciar o método ou análise cientifica utilizado pelo perito, mostrando referências bibliográficas já consolidada e aceitas por especialistas e ainda apresentação das respostas, de maneira mais clara possível, das perguntas realizadas pelo juiz, pelas partes e pelo órgão do Ministério Público.

A seguir, é apresentado o guia desenvolvido para elaboração de um laudo técnico e as principais informações que devem conter em cada item, de acordo com pesquisas realizadas:

a. Capa: a primeira folha do laudo pericial deve conter inicialmente o título indicando o tipo de laudo que está sendo apresentado. Ex.: "Laudo Pericial de Periculosidade-Auxiliar em moinho". Também deverá ser indicado a qual juiz, vara e região que o laudo pertence, bem como o número do processo, o reclamante, reclamado.

b. Sumário: contém um resumo em tópicos dos principais itens abordados dentro do laudo pericial.

c. Identificação das partes: é inserido os dados de quem está solicitando o trabalho e de quem será periciado.

d. Objetivo da perícia: contém o motivo pelo qual está sendo realizado a perícia, ou seja, o que está sendo pedido nos autos, especificando qual tipo de perícia está sendo feita e o seu embasamento legal.

e. Versão de ambas as partes: deve conter os dados do reclamante e do reclamado, bem como os argumentos de ambas as partes.

f. Considerações preliminares: nesse tópico, será relatado informações de todos os documentos contidos nos autos, a data, hora, pessoas que acompanharam a vistoria, bem como os elementos verificados no momento da vistoria.

g. Atividade exercida pelo reclamante: apresentação detalhada das atividades que exerce o reclamante.

h. Local de trabalho: descrição detalhada do local onde o reclamante exerce suas atividades.

i. Metodologia do levantamento técnico, de acordo com as NRs: para cada estudo realizado no local periciado, é necessário realizar uma descrição da metodologia aplicada, bem como o embasamento legal que levou a realização do estudo.

j. Levantamento, exame das condições e ambiente de trabalho: esse item contém os resultados encontrados nos estudos aplicados no item anterior, devidamente separados e explicados, assim como os levantamentos das condições de trabalho, uso ou não de EPI etc.

k. Avaliação das medidas de proteção: nesse item, é colocado as informações sobre quais EPIs foram fornecimentos, se houve treinamento para utilização, se as medidas de proteção atendam a NR 15, por exemplo.

l. Conclusão: de maneira imparcial, clara, direta e com embasamento nas normas técnicas, será exposto o resultado da perícia, explicando-as condições analisadas pelo perito atendem a legislação atual ou não.

m. Quesitos do reclamante: descrever se houve algum levantamento realizado pelo reclamante. Em casos em que houver, devem ser esclarecidas, por parte do perito, suas respectivas respostas.

PERÍCIA TRABALHISTA DE INSALUBRIDADE E PERICULOSIDADE

n. Quesitos da reclamada: descrever se houve algum levantamento realizado pela reclamada. Em casos em que houver, devem ser esclarecidas, por parte do perito, suas respectivas respostas.

o. Bibliografia: deve conter todas as referências bibliográficas utilizadas pelo perito para a realização da perícia.

p. Encerramento: deve conter o número de páginas que compõem o laudo, bem como a relação dos anexos. Deve conter, ainda, o nome do responsável pelo laudo, profissão, número de registro e data de elaboração.

q. Anexos: por fim, o item anexo deve conter todas as informações necessárias, que não foram colocadas no laudo, apenas referenciadas como fotos, projetos, croquis, mapas, levantamento das atividades, cópia do CA dos EPIs utilizados etc.

Conforme explica Kempner (2013, p. 12), os laudos podem não ser suficientes para que o magistrado e as partes entendam o resultado pericial. De forma que o perito pode ser solicitado, na audiência, para prestar esclarecimentos, conforme é exposto no Código de Processo Civil.

Além disso, é imprescindível que a perícia seja realizada por profissional com conhecimento técnico ou científico, da forma mais imparcial possível, em linguagem simples e coerência logica, com fundamentação técnica para a realização da conclusão.

Cardoso (2017, p. 48) reforça que o perito não deve levantar questões alheias ao objeto pericial, pois isso pode ser interpretado como falta de imparcialidade, porém o perito deve levantar todos os riscos encontrados no ambiente laboral, independentemente se o magistrado irá utilizar para a conclusão do seu julgamento, mesmo que esses não tenham sido citados nos autos.

Seguindo o Código de Processo Civil, tanto o perito quanto o assistente podem utilizar vários meios para chegarem na correta conclusão de seus laudos, sendo esses meios especificados como: ouvir testemunhas, solicitação de documentação que estejam em poder das partes, de terceiros ou em repartições públicas, instruir laudo com planilhas, mapas, plantas, desenhos ou outros elementos necessários.

19

QUESITOS

Os quesitos são perguntas apresentadas pelas partes no processo e respondidas pelo perito em seu laudo pericial, elas também podem ser formuladas pelo Juiz. Zanna (2007, p. 172), afirma que quesitos são perguntas formuladas nos autos com a intenção de, pelas respostas a elas oferecidas pelo expert, as dúvidas, as divergências e as contas possam ser esclarecidas, se possível, de forma cabal ou taxativa.

Segundo Hoog e Petrenco (2003), o juiz pode elaborar seus próprios quesitos, além daqueles oferecidos pelas partes, para procurar buscar mais informações convincentes, verdades técnicas para o processo.

19.1 RESPOSTA AOS QUESITOS

As respostas aos quesitos do laudo pericial devem conter, em destaque, cada quesito elaborado pelas partes e sua respectiva resposta. A resposta deve ser esclarecedora e completa.

Não devem permitir entendimento por meio de interpretação pelas partes. Sua compreensão deve ser literal, exata, sem o benefício da dúvida.

Quando a resposta exigir demonstrações analíticas e detalhadas, na profundidade e extensão necessárias ao seu entendimento, deve estar demonstrada em anexo própria, com chamada no corpo do quesito.

Se, porventura, houver quesito elaborado por qualquer das partes que não seja pertinente ao contexto, o perito deve solicitar ao juiz permissão para não o responder. Entretanto, isso deve ser feito já no nascedouro do seu ofício e nunca no encerramento do laudo pericial.

O perito não deve ir além do que foi perguntado, ou seja, deve ater-se somente ao conteúdo do quesito.

Contudo, se o quesito for efetuado de forma a não esclarecer os fatos e, muitas das vezes, direcionando o perito para responder somente o que interessa ao quesitante sem trazer a verdade dos fatos, é sua obrigação esclarecer na resposta o que pesquisou ou o que encontrou.

Não é demais informar ao leitor que o perito está no processo para auxiliar o juiz na busca da verdade, para prolatar sentença justa. As respostas aos quesitos são pontos que merecem enfoque neste nosso trabalho, por serem delas que as partes aceitam ou não o laudo pericial como peça portadora de credibilidade.

Dessa forma, as respostas não devem ser alongadas demais, cheias de rodeios floreados, sem, contudo, caminharem para o objeto da pergunta ou até da discussão da lide.

É inoportuno o perito querer demonstrar, por meio de respostas a quesitos, ser conhecedor do assunto e apresentar verdadeiras dissertações sobre o tema questionado.

Entretanto, é desaconselhável ao perito, no afã de não querer comprometer-se com as respostas, apresentá-las de forma sucinta demais e, às vezes, até lacônicas.

O sim e não, em nosso entender, são formas de respostas que podem parecer grosseiras ou indicativos de o perito pretender dizer aos quesitantes que eles arguiram de forma inoportuna.

20

PRAZO PARA ENTREGA DO LAUDO PERICIAL

O perito terá o prazo de entrega do laudo pericial fixado pelo juiz e deve obedecer ao prazo estipulado, cumprindo a data de entrega do laudo, pois o não cumprimento ele pode ser destituído. Caso o perito precise de mais prazo para entrega do seu laudo pericial, ele pode manifestar nos autos solicitando mais prazo e justificando o motivo.

O artigo 465 do no Código de Processo Civil (Lei n.º 13.105/2015) diz que "o juiz nomeará perito especializado no objeto da perícia e fixará de imediato o prazo para a entrega do laudo".

O artigo 432 do Código de Processo Civil (Lei n.º 13.105/2015) destacam que: "Se o perito, por motivo, não justificado, não puder apresentar o laudo dentro do prazo, o juiz conceder-lhe-á, por uma vez, prorrogação, segundo seu prudente arbítrio".

21

DA DESTITUIÇÃO DO PERITO

Caso demonstradas o decurso de prazo na entrega do laudo pericial sem prévio requerimento de prorrogação de prazo devidamente justificado pelo perito. Essa falha no cumprimento de seu mister poderia embasar eventual substituição do perito; pois restou configurado afronta ao inciso II do artigo 468 do Novo Código Civil (Lei n.º 10.406/2002).

O perito pode ser substituído quando:

I – faltar-lhe conhecimento técnico ou científico;

II – sem motivo legítimo, deixar de cumprir o encargo no prazo que lhe foi assinado.

A fim da Inexistência de inércia do juízo que, entretanto, deve adotar postura mais ativa e diligente, a fim de solucionar o problema, descadastrando aqueles peritos que se destituíram do encargo sem motivo legítimo, alicerçado ao Artigo 157 do NCPC: o perito tem o dever de cumprir o ofício no prazo que lhe designar o juiz, empregando toda sua diligência, podendo escusar-se do encargo alegando motivo legítimo.

Dessarte, pretendida pela parte interessada, portaria ao requerimento da nulidade da nomeação pelo decurso de prazo na entrega do laudo alicerçado nos artigos 157 e 476 do Novo Código de Processo Civil (Lei n.º 10.406/2002) e devido à imediata substituição do perito (artigo 468 do NCPC).

22

DAS SENÇÕES PREVISTAS EM LEI AO PERITO PELO DESCUMPRIMENTO DO SEU OFÍCIO

O perito é auxiliar do juízo (artigo 149 do Novo Código de processo Civil/2015):

> *São auxiliares da Justiça, além de outros cujas atribuições sejam determinadas pelas normas de organização judiciária, o escrivão, o chefe de secretaria, o oficial de justiça, o perito, o depositário, o administrador, o intérprete, o tradutor, o mediador, o conciliador judicial, o partidor, o distribuidor, o contabilista e o regulador de avarias.*

Cabe ao douto juízo a verificação dos prazos e das penalidades com fulcro no artigo 233 do NCPC: incumbe ao juiz verificar se o serventuário excedeu, sem motivo legítimo, os prazos estabelecidos em lei.

§ 1º Constatada a falta, o juiz ordenará a instauração de processo administrativo, na forma da lei.

§ 2º Qualquer das partes, o Ministério Público ou a Defensoria Pública, poderá representar ao juiz contra o serventuário que injustificadamente exceder os prazos previstos em lei.

O juiz poderá comunicar a ocorrência do fato a classe profissional, impondo multa ao perito, restituição dos honorários auferidos pela sua totalidade, os quais alicerçados pelos: § 1º ao 3º do inciso II do artigo 468 do Novo Código Civil.

O perito pode ser substituído quando:

I – faltar-lhe conhecimento técnico ou científico;

II – sem motivo legítimo, deixar de cumprir o encargo no prazo que lhe foi assinado.

§ 1º No caso previsto no inciso II, o juiz comunicará a ocorrência à corporação profissional respectiva, podendo, ainda, impor multa ao perito, fixada, tendo em vista o valor da causa e o possível prejuízo decorrente do atraso no processo.

§ 2º O perito substituído restituirá, no prazo de 15 (quinze) dias, os valores recebidos pelo trabalho não realizado, sob pena de ficar impedido de atuar como perito judicial pelo prazo de 5 (cinco) anos.

§ 3º Não ocorrendo a restituição voluntária de que trata o § 2º, a parte que tiver realizado o adiantamento dos honorários poderá promover execução contra o perito, na forma do Art. 513 e seguintes desse Código, com fundamento na decisão que determinar a devolução do numerário.

No caso em apreço, a parte interessada, em seu requerimento ao douto juízo, deverá apresentar motivo legítimo do decurso de prazo na entrega do laudo pericial, bem como se houve a sua prorrogação que deu causa a atraso no processo, situação que autoriza a aplicação das sanções: da destituição de seu mister de perito, restituição de honorários auferidos, multas, comunicação à corporação e anotação no Cadastro de Auxiliares da Justiça e possível prejuízos.

CADASTRO PARA ATUAR COMO PERITO

Para atuar como perito judicial de insalubridade e periculosidade na Justiça do Trabalho o profissional deve se cadastrar no portal nacional SIGEO-AJ-JT e a seguir, aguardar a validação dos dados pelo tribunal. O setor responsável no TRT realizará validação dos dados, não é necessário entrar em contato com o setor.

Link para acessar o portal do SIGEO: https://portal.sigeo.jt.jus.br/portal-externo

Figura 1 – Página de acesso

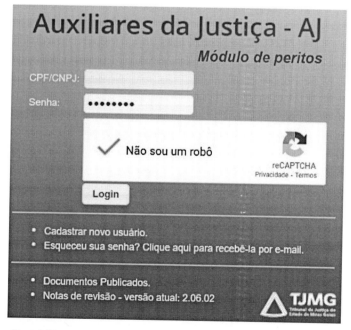

Fonte: Portal Sigeo

Figura 2 – Portal do usuário externo

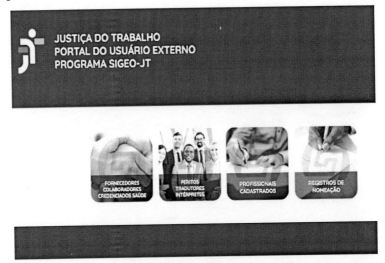

Fonte: Portal Sigeo

23.1 DOCUMENTOS PARA O CADASTRO DE PRAFISSIONAIS

No momento em que for efetuar o cadastro, esteja com todos dos documentos em formato PDF/A, Segue a lista de documentos:

- Documento de identidade oficial (frente e verso) com foto;

- Comprovante de endereço em nome do profissional, emitido há, no máximo, 3 (três) meses da data da inscrição, ou declaração de domicílio do interessado;

- Comprovante da existência de conta corrente individual, para crédito dos honorários;

- Certidão Negativa do Cadastro Nacional de Condenações Cíveis por Ato de Improbidade Administrativa, emitida pelo CNJ;

PERÍCIA TRABALHISTA DE INSALUBRIDADE E PERICULOSIDADE

- Diploma de curso superior devidamente registrado, ou, na impossibilidade deste, certificado de conclusão de curso atualizado (frente e verso), para as profissões que o exijam e para a profissão de grafotécnico;

- Diploma de conclusão de curso de pós-graduação lato ou stricto sensu, caso seja necessário para o exercício de especialidade;

- Certificado de especialização na área de atuação ou certidão do órgão profissional, se for o caso;

- Carteira do conselho/órgão de classe respectivo (frente e verso), em caso de filiação obrigatória para o exercício da profissão que exija curso superior;

- Carteira do conselho/órgão de classe respectivo (frente e verso), em caso de filiação obrigatória para o exercício da profissão que exija curso de nível médio técnico;

- Carteira emitida pela junta comercial (frente e verso) ou certidão emitida pela junta comercial, para a profissão de tradutor ou intérprete;

- Comprovante de inscrição municipal no Cadastro de Contribuintes de Tributos Mobiliários (CCM) do local do estabelecimento ou do domicílio declarado pelo prestador de serviço;

- Certidão de regularidade com o órgão de classe, quando se tratar de interessado vinculado a entidade profissional; e

- Comprovante de pagamento, ao município, do Imposto sobre Serviços de Qualquer Natureza (ISSQN), se for o caso.

24

CONCLUSÃO

Por vezes, é necessário que o juiz se utilize dos serviços de profissionais técnico-especializados em outras áreas de conhecimento, estranhas ao direito, para formar seu convencimento. Na Justiça do Trabalho, para reconhecimento de nexo causal em doença ocupacional, constatação de ambiente de trabalho insalubre ou perigoso, por exemplo, a atuação de um perito é de fundamental importância para "ajudar" o juiz, por meio do laudo pericial, a aplicar a correta norma ao caso.

Isto é, significa permitir ao jurisdicionado uma decisão judicial embasada por um parecer especializado que solucione, indene de dúvidas, situações que exijam um estudo, além dos campos judiciais, garantindo, dessa forma, o auspício da segurança jurídica nos julgados (Júlio César Cardoso de Brito, 2010, p. 12).

O papel do perito é de suma importância para agregar um processo judicial no quesito de provas para além do que é apresentado pelas testemunhas, ele tem uma função de mostrar ao juiz e a todos os envolvidos se tal trabalhador faz jus ou não ao pedido pleiteado, por exemplo, o adicional de insalubridade e/ou periculosidade.

A perícia judicial é um meio de provar em juízo uma alegação das partes, consistindo no exame, vistoria ou avaliação de determinada questão levada a julgamento na justiça do trabalho.

Quando transportamos essa lógica para o processo trabalhista, não restam dúvidas da importância e da necessidade da perícia judicial, pois ainda que o juiz possua certa *expertise* no tema levado a julgamento, algumas áreas técnicas são especialidades dos peritos, sendo eles os únicos com capacidade técnica para atestar sobre o tema.

Destarte, fica evidente que é necessário que o perito tenha ciência de tudo que foi apresentado neste exposto, além disso, buscar aperfeiçoamento para sempre apresentar o melhor conteúdo em consonância com o que foi pedido nos autos. Assim, é indiscutível que o trabalho do perito tenha responsabilidade social e precisa de pessoas habilitadas e com competência técnica para exercer tal categoria com excelência.

REFERÊNCIAS

ABNT – ASSOCIAÇÃO BRASILEIRA DE NORMAS TÉCNICAS. **NBR 14724**: formatação de trabalhos acadêmicos. Rio de Janeiro: ABNT, 10 dez. 2020.

REINALDO PINTO, Alberto Filho. **Da perícia ao perito**. 4. ed. Niterói: Ímpetus. 2015.

ALMEIDA, André Luiz Paes de. **Direito do trabalho**: material, processual e legislação especial. 15. ed. São Paulo: Rideel, 2014.

BARBOSA, Cesar Alexandre; SILVA, Jessica Thomaz do Nascimento. A inconstitucionalidade da não cumulatividade dos adicionais de periculosidade e insalubridade. **Revista do Curso de Direito da Uniabeu**, Belfort Roxo, v. 7, n. 2, p. 1-19, dez. 2016.

BOTELHO, Rhuan Cardilo; GOMES, Andre Raeli. Investimento em segurança do trabalho: despesa ou lucro? **Revista Interdisciplinar do Pensamento Científico**, Itaperuna, v. 1, n. 3, p. 1-14, jun. 2017.

BRASIL. **Constituição da República Federativa do Brasil**. Brasília, DF: Presidência da República, 1988. Disponível em http://www.planalto.gov.br/ccivil_03/ constituicao/constituicaocompilado.htm. Acesso em: 5 jan. 2017.

BRASIL, R. F. **Código de Processo Civil**. BRASIL, R. F. (2015). Lei 13.105, de 16 de março de 2015. Código de Processo Civil.7, 2015.

BRASIL, R. F. **Código de Processo Civil**. 2, nos termos do art. 464 do CPC, 2015.

BRASIL. **Lei n.º 13.105, de 16 de março de 2015**. Código de Processo Civil. Brasília, DF: Presidência da República, 2015.4. Exemplos de perícias da época: impotência em causa de divórcio, gravidez de mulher divorciada, aviventação de lindes de imóveis, avaliação de imóveis dados em garantia pelos devedores do Fisco, avaliação de plantações, avaliação de bens submetidos à administração, autenticidade de documentos etc.

BRASIL. **Decreto-lei n.º 5.452, de 1º de maio de 1943.** Aprova a Consolidação das Leis do Trabalho. Rio de Janeiro: Presidência da República, 1943. Disponível em http://www.planalto.gov.br/ccivil_03/decreto-lei/Del5452.htm. Acesso em: 5 jan. 2017.

BRASIL. **Lei n.º 13.105, de 16 de março de 2015.** Código de Processo Civil. Brasília, DF: Presidência da República, 2015. Disponível em: http://www.planalto.gov.br/ccivil_03/_ato2015-2018/2015/lei/l13105.htm. Acesso em: 5 jan. 2017.

BRASIL. **Lei n.º 8.213, de 24 de julho de 1991.** Dispõe sobre os Planos de Benefícios da Previdência Social e dá outras providências. Brasília, DF: Presidência da República, 1991. Disponível em: http://www.planalto.gov.br/ccivil_03/leis/L8213cons.htm. Acesso em: 12 abr. 2016.

BRASIL. Ministério do Trabalho. Portaria n.º 3214, de 08 de junho de 1978. Aprova as Normas Regulamentadoras - NR - do Capítulo V, Título II, da Consolidação das Leis do Trabalho, relativas a Segurança e Medicina do Trabalho. **Diário Oficial da União**: parte 1: seção 1, Brasília, DF, n. 127, p. 1, 6 jul. 1978. Suplemento. Disponível em: http://www.trtsp.jus.br/geral/tribunal2/ORGAOS/MTE/Portaria/P3214_78.html. Acesso em: 16 jun. 2019.

BRASIL. Súmula n.º 364. Adicional de Periculosidade. Exposição Eventual, Permanente e Intermitente. **TST**. Disponível em: https://www3.tst.jus.br/jurisprudencia/Sumulas_com_indice/Sumulas_Ind_1_50.html. Acesso em: 16 jun. 2019.

BRASIL. Súmula n.º 448. Atividade Insalubre. Caracterização. Previsão na Norma Regulamentadora n.º 15 da Portaria do Ministério do Trabalho n.º 3.214/78. Instalações Sanitárias. **TST**. Disponível em: https://www3.tst.jus.br/jurisprudencia/Sumulas_com_indice/Sumulas_Ind_1_50.html. Acesso em: 16 jun. 2019.

BRASIL. Súmula n.º 47 e n.º 80. Insalubridade. **TST**. Disponível em: https://www3.tst.jus.br/jurisprudencia/Sumulas_com_indice/Sumulas_Ind_1_50.htm. Acesso em: 16 jun. 2019.

CAMISASSA, Mara Queiroga. **Segurança e saúde no trabalho**: NRs 1 a 36 comentadas e descomplicadas. 3. ed. rev. e atual. São Paulo: Método, 2016.

CARRION, Valentin. **Comentários à consolidação das leis do trabalho.** 37. ed. São Paulo: Atlas, 2012.

CRETELA JUNIOR, José; CINTRA, Geraldo de Ulhoa. **Dicionário Latino – português.** São Paulo: Companhia Editora Nacional, 1956.

DE PLÁCIDO e SILVA, Oscar Joseph. **Vocabulário jurídico.** 31. ed. Rio de Janeiro: Forense, 2014.

DIDIER JR, Fredie. **Curso de direito processual civil**: teoria da prova, direito probatório, ações probatórias, decisão, precedente, coisa julgada e antecipação dos efeitos da tutela. Fredie Didier Jr., Paula Sarno Braga e Rafael Alexandria de Oliveira. 10. ed. Salvador: Jus Podivm, 2015. v. 2.

GUNTHER, Luiz Eduardo; MANDALOZZO, Silvana Souza Netto. **25 anos da Constituição e o Direito do Trabalho.** Curitiba: Juruá, 2013.

HOOG, Wilson Alberto Zappa. **Prova pericial contábil**: aspectos práticos e fundamentais. 6. ed. Curitiba: Juruá, 2008.

MAGALHÃES, Antônio de Deus Farias *et al*. **Perícia contábil**. 4. ed. São Paulo: Atlas, 2004.

MALTA, Cynthia Guimarães Tostes. *Vade mecum* **legal do perito de insalubridade e periculosidade.** 1. ed. São Paulo: LTr, 2000.

MARTINS, Sérgio Pinto. **Direito processual do trabalho**. 38. ed. São Paulo: Saraiva, 2016.

NASCIMENTO, Amauri Mascaro. **Curso de direito processual do trabalho.** 27. ed. São Paulo: Atlas, 2012.

NEVES, D. A. **Manual de direito processual civil**: volume único. Salvador: JusPodivm, 2016.

OLIVEIRA, Sebastião Geraldo de. **Proteção jurídica à saúde do trabalhador.** 6. ed. rev. ampl. e atual. São Paulo: LTr, 2011.

PEREIRA, Alexandre Pimenta Batista; SOUZA, Larissa Martins de. Acerca da dicotomia atividade-fim e atividade-meio e suas implicações na licitude da terceirização trabalhista. **Revista de Informação Legislativa**, Brasília, v. 201, n. 51, p. 175-192, mar. 2014.

PEREIRA, Leone. **Manual de processo do trabalho**. 3. ed. São Paulo: Saraiva, 2014.

ROSSETE, Celso Augusto. **Segurança e higiene do trabalho**. 1. ed. São Paulo: Pearson, 2014.

SÁ, Antônio Lopes. **Perícia contábil**. 10. ed. São Paulo: Atlas, 2011.

SALIBA, Tuffi Messias; CORRÊA, Márcia Angelim Chaves. **Insalubridade e periculosidade**: aspectos técnicos e práticos. 14. ed. São Paulo: LTr, 2015.

SANTOS, Moacyr Amaral. **Prova judiciária no cível e comercial**. 1. ed. São Paulo: Saraiva, 1983.

SILVA, Cintia Cardoso da *et al*. Adicionais de insalubridade e periculosidade: payment of a dual additional health and risk premiuns. **Pesquisa e Ação**, Mogi das Cruzes, v. 2, n. 3, p. 1-10, out. 2016.

SOUTO MAIOR, Jorge Luiz. Em defesa da ampliação da competência da Justiça do Trabalho. **Revista do Tribunal Regional do Trabalho da 15ª Região**, Campinas, n. 26, p. 39-52, jan./jun. 2005.

THEODORO JR, Humberto. **Curso de direito processual civil**: teoria geral do direito processual civil, processo de conhecimento e procedimento comum. 56. ed. rev. atual. e ampl. ed. Rio de Janeiro: Forense, 2015. v. I.

TORNAGHI, Hélio. **Instituições de processos penal**. 2. ed. São Paulo: Saraiva, 1978. v. IV.

ZANNA, Remo Dalla. **Prática de perícia contábil**. 2. ed. São Paulo: IOB Thomson, 2007.